MARTIN RIEGLER | SIMON P. HECHT

YES We Camp!

Die schönsten Campingplätze für Familien

in Süddeutschland, Österreich und der Schweiz

PIN CAMP

powered by ADAC

INHALT

DEUTSCHLAND

SCHWEIZ

70 Campingplätze in Süddeutschland, Österreich und der Schweiz

DIE 5 SCHÖNSTEN CAMPINGPLÄTZE FÜR …

… ABENTEUERER

1

Hunsrück und Mosel –
Camping Harfenmühle **4**
Jeden Tag können Kinder hier Edelsteine suchen – und finden! (S. 24)

2

Bayerischer Wald –
Adventure Camp Schnitzmühle **16**
Ponyreiten, Kanufahren, Bogenschießen – hier kommt das Abenteurerherz auf seine Kosten (S. 60)

3

Nordschwarzwald –
Family-Resort Kleinenzhof **24**
Abenteuer bei jeder Witterung in freier Natur oder im großen Spielhaus (S. 88)

4

Lago Maggiore –
Campofelice Camping Village **38**
Piraten, Indianer und Detektive im Kletterpark und beim Bogenschießen (S. 122)

5

Vierwaldstätter See –
Camping Eienwäldli **40**
Auf dem großen Abenteuerspielplatz mit Kletterturm können sich die Kids so richtig austoben (S. 130)

DIE 5 SCHÖNSTEN CAMPINGPLÄTZE FÜR …

... WASSERRATTEN

1

Eifel –
Prümtal-Camping Oberweis ⚲|2
Schwimmen im Fluss oder im Freibad? Hier hat mal die schöne Qual der Wahl (S. 18)

2

Chiemgau –
Strandcamping Waging ⚲|19
Italienisches Flair direkt am wärmsten See Oberbayerns genießen (S. 69)

3

Schwäbische Alb –
Alb-Camping Westerheim ⚲|23
Sportbecken, Funbecken, Planschbecken – Wasserratten jeden Alters kommen hier auf ihre Kosten (S. 82)

4

Nordbadischer Rhein –
Freizeitcenter Oberrhein ⚲|27
In der wärmsten Region Deutschlands wird der Wunsch nach Abkühlung auf vielfältige Weise erfüllt (S. 95)

5

Zeller See –
Seecamp Zell am See ⚲|54
Badestrand, Kajakschule und Bootsvermietung inmitten einer großartigen Bergkulisse (S. 166)

DIE 5 SCHÖNSTEN CAMPINGPLÄTZE FÜR …

... BERGTOUREN

1

Berner Oberland –
Camping Manor Farm 1 | 35
Campen mit Blick auf Eiger, Mönch und Jungfrau, dem mächtigen Dreigstirn des Berner Oberlands (S. 114)

2

Vorarlberg –
Alpencamping Nenzing | 41
Die eindrucksvolle Kulisse des Vorarlberger Rätikon aus nächster Nähe erleben (S. 134)

3

Zillertal –
Camping Hell | 48
Am Eingang des Zillertals erwarten den Wanderer kristallklare Gebirgsluft und frisches Quellwasser (S. 150)

4

Westkärnten –
Camping am Waldbad | 59
Ein weitgefächertes Netz an Wanderwegen zwischen Kreuzeck-Gruppe und Gailtaler Alpen (S. 175)

5

Steiermark –
Camping Bella Austria | 68
Idealer Ausgangspunkt für Touren in die Schladminger Tauern (S. 194)

DIE 5 SCHÖNSTEN CAMPINGPLÄTZE FÜR …

… ZELTCAMPER

1

Pfalz –
Camping Donnersberg **6**
Zwischen Wald und Naturteich finden sich hier großzügige Stellplätze (S. 30)

2

Chiemgau –
Kaiser Camping **18**
Auf Voralpenwiesen das großartige Bergpanorama genießen (S. 68)

3

Nordschwarzwald –
Camping Königskanzel **25**
Entspannung pur mit königlichen Ausblicken auf den westlichen Schwarzwald (S. 89)

4

Berner Oberland –
Camping Aaregg **36**
Ein kleiner Campingplatz für Naturliebhaber am Ufer des glasklaren Brienzersees (S. 116)

5

Südostkärnten –
Terrassencamping Ilsenhof **64**
Auf den terrassierten Stellplätzen genießt man von jedem Stellplatz die Aussicht auf den angrenzenden See (S. 186)

DIE 5 SCHÖNSTEN CAMPINGPLÄTZE FÜR …

... NATURENTDECKER

1

Eifel –
Camping Landal Wirfttal | 3
Mit dem Mountainbike durch die faszinierende Landschaft der Vulkaneifel (S. 19)

2

Allgäu –
Insel-Camping am See | 21
Einfach die herrliche Umgebung inmitten eines Landschaftsschutzgebietes genießen (S. 75)

3

Südschwarzwald –
Ferienparadies Schwarzwälder Hof | 28
Direkt am Ufer des Flüsschens Schutter zeigt sich der Schwarzwald von seiner schönsten Seite (S. 98)

4

Vorarlberg –
Panorama Camping Sonnenberg | 42
Am Zusammenschluss mehrerer Alpentäler steht das Wandern in unberührter Natur im Vordergrund (S. 135)

5

Südostkärnten –
Camping Breznik Turnersee | 63
Ursprüngliche und unverbaute Natur an einem der wärmsten Seen Österreichs (S. 184)

DIE 5 SCHÖNSTEN CAMPINGPLÄTZE FÜR …

… SPANNENDE FREIZEITPROGRAMME

1

Oberpfalz –
Camping Monte Kaolino 13

Skifahren, Snowboarden und Rodeln im Sommer? Kein Problem auf einem riesigen Berg aus Quarzsand! (S. 54)

2

Allgäu –
Camping Hopfensee 22

Auf den Spuren von Märchenkönig Ludwig II. im zauberhaften Königswinkel (S. 76)

3

Nordbadischer Rhein –
Camping Rastatter Freizeitparadies 26

Tauchen, Beachvolleyball, Tennis, Minigolf … und alles inmitten der idyllischen Rheinauen (S. 94)

4

Hegau –
Camping- und Ferienpark Orsingen 31

Orsi heißt das Maskottchen des Campingplatzes, das durch die zahlreichen Freizeitangebote führt (S. 103)

5

Steiermark –
Camping Olachgut 67

»Erlebnis Bauernhof« mit geführten Ausritten und organisierten Raftingtouren (S. 192)

EIFEL-CAMP FREILINGER SEE 1

Kaum eine andere deutsche Region spiegelt so sehr die Jahrmillionen alte Erdgeschichte wider wie die Eifel. Kegel längst erloschener Vulkane, aufgeschichtete Höhenzüge, bizarre Felsformationen, das und vieles mehr verkörpert diese Urlandschaft.
Neue Landschaften entstehen auch heute noch. So wie der Freilinger See. Er hat seinen Ursprung in einem 1976 errichteten Staudamm. Sein Wasser ist aber genauso kristallklar, wie man es von einem Eifel-See erwartet. Und auch seine Wald- und Hügelkulisse lässt keine Wünsche offen.
Etwas unterhalb des Staudamms sorgt das Eifel-Camp für perfekte Camping- und Freizeitmöglichkeiten. Für alle Altersgruppen ist das Freizeitangebot umfangreich. Von der Chill-Area bis hin zum gut ausgestatteten Spielplatz ist alles vorhanden, was das junge und schon etwas ältere Camperherz begehrt.

Am Freilinger See 1, 53945 Blankenheim-Freilingen (Eifel), Tel. +49 26 97/282, www.eifel-camp.de, Anfang Jan.–Mitte Dez.
www.pincamp.de/rw7780

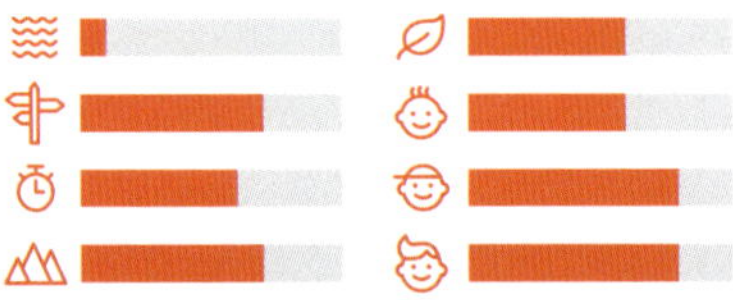

Fläche	11 ha
Standplätze Touristen	177
Dauercamper	170
Mietunterkünfte	25
Hunde	erlaubt
WLAN	ja, teilweise

Die kleinen Gäste können unter drei Spielplätzen wählen. Der zentrale Spielplatz bietet reichlich Geräte zum Klettern und Turnen sowie einen Sandkasten und eine Geländerutsche. Weiter sorgt der Natur-Spielplatz mit spannenden Klettergeräten und einem Kleinkinderturm für Abwechslung. Die etwas älteren werden mehr am Skater-Park mit Half-Pipe und Jump-Ramp sowie der großen Multisportfläche Gefallen finden.

PRÜMTAL-CAMPING OBERWEIS | 2

Nahe an der Grenze zu Luxemburg und am Rand des Deutsch-Luxemburgischen Naturparks zeigt sich die Eifel in etwas sachterem Gewand. Hügel gibt es freilich auch hier. Sie sind aber sanfter und verleihen dem Umland ein beruhigendes Antlitz. Die Erwartungshaltung an kleine Campingplätze ist mitunter nicht groß. Umso überraschter wird man von der Ausstattung dieses Platzes sein. Sein Herzstück ist ein großes öffentliches Freibad mit Sportbecken, einem eigenen Bereich mit Wasserrutsche, Wasserpilz und Wasserfontänen. Natürlich darf auch ein Planschbecken für die ganz Kleinen nicht fehlen. Eltern können das Treiben ihrer Sprösslinge ganz entspannt von der Terrasse des Restaurants verfolgen.
Doch Badefreuden bieten sich hier auch in ganz natürlichem Umfeld an. Und zwar im Flüsschen Prüm, das, umringt von Schatten spendenden Bäumen, am Campingplatz vorbeifließt. Sowohl Schwimmbad als auch Campingplatz sind angenehm übersichtlich dimensioniert, sehr sauber und gepflegt.

In der Klaus 17, 54636 Oberweis, Tel. +49 65 27/9 29 20,
www.pruemtal.de, ganzjährig
www.pincamp.de/rp3500

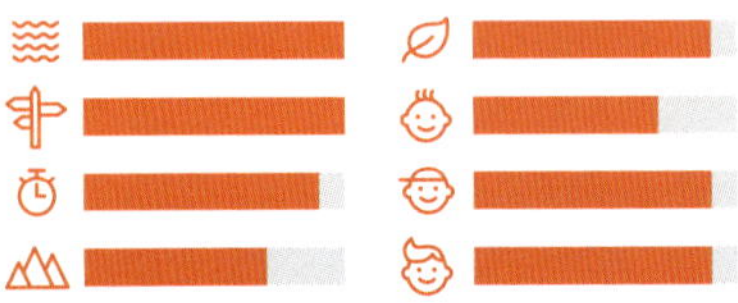

Fläche	3,7 ha
Standplätze Touristen	170
Dauercamper	70
Mietunterkünfte	11
Hunde	erlaubt
WLAN	ja

CAMPING LANDAL WIRFTTAL 3

Augen der Eifel werden sie genannt, die kreisrunden Seen, von denen es in der Eifel viele gibt. Sie sind sogenannte Maare, also ehemalige Vulkankrater, die sich im Laufe der Zeit mit Wasser gefüllt haben. Heute sind diese Seen Bestandteil des abwechslungsreichen Erscheinungsbildes dieses Mittelgebirges. Was reizt da mehr, als die Umgebung mit dem Mountainbike zu erkunden, zum Beispiel auf dem Radweg Obere Kyll. In dieser Umgebung ist ein entspannter Campingurlaub garantiert. Hier lässt sich etwa die frische Luft des Luftkurorts Stadtkyll genießen. Der Freizeitsee direkt am Platz lädt zum Tretbootfahren ein. Leider ist in ihm das Baden verboten, aber dafür gibt es als Ausgleich ein Hallenbad vor Ort. Weiter sind ein Planschbecken und Wasserspielplatz vorhanden. Für überzeugte Landratten gibt es natürlich auch einen herkömmlichen Spielplatz. Während des Sommers wird zudem ein Animationsprogramm geboten.

Wirftstraße 81, 54589 Stadtkyll, Tel. +49 65 97/92 92 10,
www.landalcamping.de/campingplaetze/wirfttal, ganzjährig
www.pincamp.de/rp2600

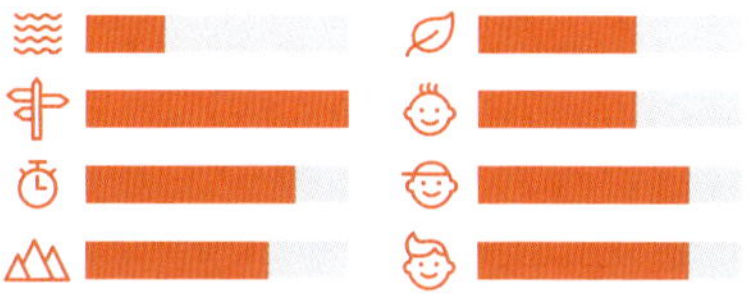

Fläche	6,3 ha
Standplätze Touristen	155
Dauercamper	65
Mietunterkünfte	217
Hunde	bedingt erlaubt
WLAN	ja, kostenpflichtig

Der freundliche Bär Bollo ist das Maskottchen für die während der Sommermonate täglich angebotenen Kinder- und Sportanimationen. Der Bollo-Club widmet sich primär jüngeren Kindern. Daneben gibt es aber auch für ältere Kinder spannende Freizeitangebote wie Tanzen oder Kochworkshops.

DIE GEGEND ERLEBEN

AN EINEM LANGEN WOCHENENDE

Er wirkt wie ein scheinbar friedlicher Brunnen. Doch plötzlich erwacht er, beginnt zu brodeln, und dann schießt eine Fontäne 9 Grad kalten Wassers in die Höhe. Sechs Minuten dauert das Schauspiel. Dann ist von einem Augenblick auf den nächsten alles vorbei.

Das, was man am Wallenden Born erleben kann, ist ein **Kaltwassergeysir**, der ziemlich genau alle 35 Minuten zum Leben erweckt. Dieses Naturschauspiel beruht auf einer kohlesäurehaltigen Quelle, wovon es in der Eifel Hunderte gibt.

Als die Bürger der Stadt das Kohlenstoffdioxid in den 1930ern wirtschaftlich nutzen wollten, bohrten sie ein Loch in den Boden. Dabei erwischten sie eine Kammer, in der sich Kohlenstoffdioxid sammelte, und Erde und Wasser flogen ihnen um die Ohren. Damit hatten sie, ungewollt, einen Geysir geschaffen. Inzwischen ist er zur Sehenswürdigkeit geworden – eine, die Erwachsene wie Kinder gleichermaßen begeistert. An den Wallenden Born, von den Einheimischen auch Brubbel genannt, schließt ein 3,5 km langer Wanderweg an. An Infopunkten gewinnt man Einblicke in das Dorfleben von Wallenbronn, dem hier gesprochenen Dialekt und über landschaftliche Besonderheiten.

Neue Straße, 54570 Wallenborn, ganzjährig geöffnet

Wäre 1927 nicht eine Rennstrecke eröffnet worden, würde heute wohl niemand Notiz von dem 164-Einwohner-Dörfchen Nürburg in der rheinland-pfälzischen Eifel nehmen. Die auf einem Basaltkegel errichtete Burg ist zwar schon über 1000 Jahre alt, für eine weltweite Bekanntheit reicht sie aber nicht. Dabei ist die imposante Ruine durchaus sehenswert und kann auch besichtigt werden. Vom Parkplatz am Fuß des Berges ist die Nürburg in rund 10 Minuten erreichbar.

Die Hauptattraktion des Orts ist aber der **Nürburgring**. Über 100 Rennen werden hier jährlich ausgetragen. Dazu kommen an die 200 weitere Events, wie etwa PS-Action für jedermann zum Mitmachen rund um das Thema Motorsport. Hobby-Rennpiloten können hier sogar selbst ihre Runden ziehen. Vom Nürburgring geht eine besondere Faszination aus. Er verbindet die Tradition mit der Moderne, ist aufregend und entspannend gleichermaßen. Neben der Rennstrecke gibt es hier ferner einen Motorsport-Freizeitpark und ein Erlebnismuseum. Und ja, die längste permanente Rennstrecke der Welt ist der Nürburgring auch.

Ruine Nürburg: Parkplatz in der Nähe von Burgplatz 2, 53520 Nürburg, www.nuerburg.de/ueber-nuerburg/dieburg
Nürburgring: Otto-Flimm-Straße, 53520 Nürburg, www.nuerburgring.de

Kronenburg ist Teil der Gemeinde Dahlem im Oberen Kylltal. Die Region ist nicht nur wegen seiner fantastischen Aussichtspunkte ein beliebtes Ausflugsziel. Mitte des 13. Jahrhunderts erkannte man die strategische Be-

Die Schleiereule ist nur einer der vielen Flugakrobaten, die während der spektakulären Vorführungen im Adler- und Schlosspark Kasselburg bewundert werden können.

deutung einer 533 m hohen Anhöhe, von der sich das Kylltal fast vollständig überblicken lässt. Grund genug für die regionalen Herrscher jener Tage, hier eine Burg und Ansiedlung zu errichten. Kronenburg wurde ein wichtiges Verwaltungszentrum. Als das damalige Herrschergeschlecht, die Ritter von Kronenburg, ausstarb, verlor die Burg zunehmend an Bedeutung und verfiel über die Jahrhunderte. Auch die vorgelagerte Stadt verschwand aus dem Interesse der weiteren Machthaber. Wahrscheinlich unser Glück, denn Kronenburg hat sich über Jahrhunderte kaum verändert. Wer sich an der malerischen historischen Siedlung und der Burg sattgesehen hat, der kann den nahen Kronenburger Stausee per Boot erkunden oder darin baden.

Kronenburg, 53949 Dahlem, www.igkronenburg.de

Die Rur ist ideal, um den Umgang mit Kanus zu erlernen. Außerdem bieten die zahlreichen Schlaufen und Biegungen des Flusses an jeder Ecke abwechslungsreiche Natureindrücke.

IN EINER WOCHE CAMPING

Die **Eifel-Therme-Zikkurat** in Mechernich ist ein Erlebnisbad für alle Altersgruppen. Es bietet auf 13 000 m² nicht nur Badespaß, sondern auch eine moderne und ansprechende Saunalandschaft. Die Anlage verfügt unter anderem über ein Sportbecken mit einem Ein- und Drei-Meter-Sprungbrett. Im Erlebnisbecken mit direkter Verbindung zum Außenbecken sorgen ein Strömungskreisel, Wasserfälle, Nackenduschen und eine Luftsprudelbank für Entspannung. Ferner steht ein eigener, von den anderen Wasserflächen abgetrennter Kleinkinderbereich zur Verfügung. Weiter sorgt eine 50 m lange Riesenrutsche für Spaß und Vergnügen.
An der Zikkurat 2, 53894 Mechernich, www.eifel-therme-zikkurat.de

Im Gebiet des Zusammenflusses von Urft und Rur verlaufen beide Flüsse nicht nur in unzähligen Schlaufen und Mäandern, sie winden sich auch um den Kermeter-Höhenzug mit herrlichen Aussichten auf die ihn zu 180 Grad umschließende Flusslandschaft. Doch die Region ist nicht nur von Land aus ein echter Hingucker. Sie lädt auch zu Sport und Spaß in gemütlichen, kentersicheren Doppelkajaks ein. Mit ihnen lässt sich das **Kanufahren** binnen kurzer Zeit erlernen. Die Rur ist mit ihren vielen Kehrwassern, Schwellen und kleinen Stromschnellen ein beliebtes Anfängerrevier. Damit man auch sicher nichts falsch machen kann, wendet man sich am besten an eine Kanuschule, die auch über das nötige Equipment, also auch Boote, verfügt. Nach theoretischer Einführung und einigen Trockenübungen geht es in Heimbach auf die Rur. Selbstverständlich mit erfahrener Begleitung geht es nun 14 km den Fluss hinab, vorbei an traumhaften Landschaften. Selbstverständlich wird auch an eine Picknickpause gedacht. Nach rund 4,5 Stunden ist Zerkall erreicht.
Dem Naturschutz Rechnung tragend, kann die Rur nur vom 15. Juli bis 28. Februar, ausreichender Wasserstand vorausgesetzt, befahren werden. Auch die Anzahl der Boote ist beschränkt.
Kanu Petry, Frankenstraße 7, 53894 Mechernich, www.kanu-petry.de

BEI EINEM AUSGEDEHNTEN CAMPINGURLAUB

Rund um die imposante Kasselburg auf einer Anhöhe bei Pelm in der Vulkaneifel sorgt der **Adler- und Wolfspark** für Abwechslung und Spaß für die ganze Familie. Der 20 ha große Park rund um die historische Burganlage aus dem 12. Jahrhundert mit ihren dichten Wäldern und satten Wiesen ist die Heimat von Steinadlern, Falken und Milanen. Während Freiflug-Vorführungen zeigen sie ihre atemberaubenden Flugkünste. Außerdem lebt hier das größte Wolfsrudel Westeuropas, das sich im Rahmen der täglichen Fütterung besonders gut beobachten lässt. Schließlich wartet auf die Kleinen noch ein Streichelzoo mit Ziegen und ein toller Abenteuerspielplatz.
In der Kasselburg, 54570 Pelm, März–Okt., www.greifenwarte.net/wolfspark-kasselburg/

CAMPING HARFENMÜHLE 4

Am Südrand des Hunsrücks mit seiner spannenden Geologie, den weiten, alten Buchenwäldern und seltenen Hangmooren ist 2015 Deutschlands jüngster Nationalpark entstanden. Nicht weit vom Nationalpark Hunsrück-Hochwald liegt auch der von Bächen durchzogene Campingplatz Harfenmühle mitten im Grünen. Dass der Boden hier seltene Edelsteinvorkommen birgt, können Kinder jeden Morgen um kurz nach zehn unmittelbar erleben. Am Wasserspielplatz können sie echte Achate, Amethyste, Tigeraugen, Rosenquarze und andere Edelsteine finden. Und an einem 21 m langen Bachstück, dem Goldgraben, gibt es tatsächlich goldglänzende Nuggets auszuwaschen. Dass es sich nur um wertloses Katzengold handelt, ist bei all dem Entdeckerglück zu verschmerzen. Einmal pro Woche kann man bei einer Führung und Besichtigung einer historischen Schleiferei mitmachen und in die Edelsteingeheimnisse der Region eintauchen.

Harfenmühle 2, 55758 Mörschied OT Asbacherhütte,
Tel. +49 67 86/13 04, www.harfenmuehle.de,
ganzjährig
www.pincamp.de/rp7750

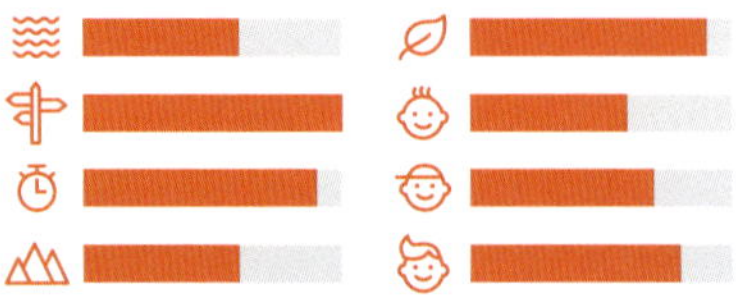

Fläche	7,5 ha
Standplätze Touristen	100
Dauercamper	100
Mietunterkünfte	8
Hunde	erlaubt
WLAN	ja

Für Aktivurlauber und Naturfreunde ist der Hunsrück eine besondere Landschaft. Unberührte Buchenwälder, Hangmoore, seltene Tier- und Pflanzenarten machen den Nationalpark Hunsrück-Hochwald zu einem besonderen Erlebnis. Durch den Park führen herrliche Wanderwege mit internationalem Ruf. Auch historische Sehenswürdigkeiten, wie die Ruine der Schmidtburg oder die Wildenburg, gilt es zu entdecken.

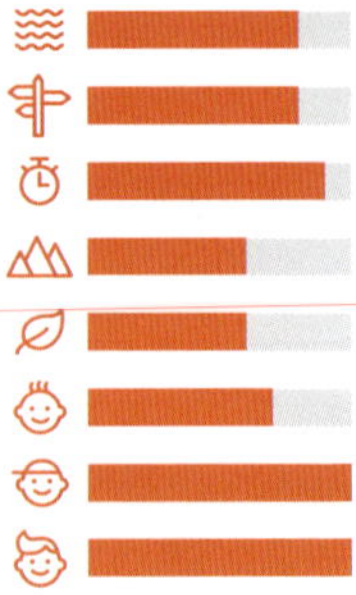

Fläche	26,7 ha
Standplätze Touristen	136
Dauercamper	0
Mietunterkünfte	230
Hunde	bedingt erlaubt
WLAN	ja, kostenpflichtig

CAMPING LANDAL SONNENBERG 9 | 5

Die Mosel ist nicht nur ein Fluss, der in unzähligen Schleifen gen Rhein fließt. Sein Name beschreibt auch die gleichnamige Weinbaugegend, die für ihre Qualitätsweine bekannt ist, und bildet die natürliche Grenze zwischen der Eifel im Norden und dem Hunsrück im Süden. Idyllisch liegt der beschauliche Weinort Leiwen an einer der Moselschleifen. Der Campingplatz in Waldlage ist Teil eines größeren Ferienparks. Dazu gehören ein Kletterpark, Minigolf-, Bowling- und weitere Sportanlagen, gut ausgestattete Innen- und Außenspielplätze sowie ein schönes Spaß-Hallenbad. Ein Panorama-Freibad liegt unterhalb des Ferienparks, etwa 1,5 km entfernt. Viel Wert wird auf das Kinder-Unterhaltungsprogramm gelegt.

Klettern, so richtig hoch hinaus, das macht Spaß! Im an den Campingplatz angrenzenden Kletterpark können sich Kinder und Erwachsene an sechs Parcours mit insgesamt 40 Kletterelementen versuchen. Die Hälfte ist für Kinder ab vier Jahren zugänglich. Für den Rest gilt als Mindestalter 9 Jahre sowie mindestens 140 cm Körpergröße.

Sonnenberg 1, 54340 Leiwen, Tel. +49 65 07/936 90, www.landalcamping.de/campingplaetze/sonnenberg, Ende März–Anf. Nov.
www.pincamp.de/rp5350

DIE GEGEND ERLEBEN

AN EINEM LANGEN WOCHENENDE

Wie wäre es mit einem Besuch von Augusta Treverorum? Nie gehört? Dabei handelt es sich um die älteste Stadt auf deutschem Boden, die vor über 2000 Jahren von den Römern gegründet wurde. Ihr heutiger Name: **Trier**. Die Stadt ist einmalig, lässt sich nicht mit wenigen Worten beschreiben. In ihr ist Geschichte auf Schritt und Tritt erfahrbar, wie etwa das um 170 n. Chr. errichtete römische Stadttor Porta Nigra, die Barbara- und Kaiserthermen, die Römerbrücke, ihres Zeichens die älteste Brücke Deutschlands, das Amphitheater und vieles mehr. Sie alle sind UNESCO-Weltkulturerbe.
Auch der Hohe Dom St. Peter zu Trier geht auf die Römer zurück. Er ist die älteste Bischofskirche Deutschlands, deren Kern ab 310 n. Chr. errichtet wurde, als sich das Römische Reich dem Christentum zuzuwenden begann. Dazu hat die Stadt unzählige Bauten aus dem Mittelalter zu bieten. Sehenswert ist auch der Hauptmarkt mit seiner historischen Häuserfassade und der Kirche St. Gangolf, ebenso die Abtei St. Mattias, die das einzige Apostelgrab nördlich der Alpen beherbergt. Äußerst lebendig werden die vergangenen Zeiten bei Erlebnisführungen, die mit unglaublich guten Geschichten aus zwei Jahrtausenden aufwarten können. Manchmal gespenstisch, oft vergnüglich, immer spannend.
Touristeninfo: Simeonstraße 55, 54290 Trier, www.trier-info.de, www.erlebnisfuehrungen.de

Auf einem mächtigen Fels gelegen, erhebt sich hoch über der Stadt Cochem und dem Moseltal die **Reichsburg Cochem**. An drei Seiten des Berges ragen idyllisch angelegte Weingärten bis nahe an die Burg mit ihrem markanten Turm heran. Der Ursprung der Burg liegt im frühen 12. Jahrhundert. Im 17. Jahrhundert wurde sie zerstört und erst 200 Jahre später, ganz im Stile der Burgenromantik, wieder aufgebaut. Heute ist sie ein Wahrzeichen für die gesamte Region. Besucher erleben nicht nur das imposante Bauwerk von außen, sondern werden auch von der eindrucksvollen Gestaltung der Innenräume begeistert sein. Es gibt spezielle Kinderführungen, darunter auch eine Geisterführung mit Räuberessen.
Schloßstraße 36, 56812 Cochem, tgl. geöffnet, www.reichsburg-cochem.de

In Trier kann man sich das Innere der Porta Nigra von einem römischen Legionär zeigen lassen.

IN EINER WOCHE CAMPING

Im **Rheinische Landesmuseum Trier** befindet sich eine der bedeutendsten archäologischen Sammlungen in Deutschland. Die Fundstücke und Zeugnisse aus der Römerzeit begleiten uns in jene Epoche zurück, in der die Stadt unter dem Namen Augusta Treverorum als Hauptstadt beziehungsweise Verwaltungsmetropole eine wichtige Rolle spielte. Als Teil der römischen Provinz Gallia Belgica wurde die Stadt in der Spätphase des Weströmischen Reiches sogar zur Kaiserresidenz. Neue Funde der Archäologischen Denkmalpflege sorgen ständig für eine Erweiterung der Präsentation.
Weimarer Allee 1, 54290 Trier, Di–So, www.landesmuseum-trier.de

Das Moseltal zu beiden Seiten gemächlich vorbeiziehen lassen, die Blicke über Weinberge, kleine Dörfer und liebliche Städte streifen lassen – stets voller Erwartung, was es alles beim Passieren der nächsten Moselschleife zu sehen gibt: Die **Moselschifffahrt** bietet viele Varianten, wie sich diese einmalige Flusslandschaft, die mit Sicherheit zu den schönsten in ganz Deutschland zählt, erleben lässt. Neben Schiffsrundfahrten, etwa beginnend ab Trier, bieten sich auch Kombinationen an, bei denen man eine Wanderung mit einer Schiffsfahrt verbindet. Gerade dafür eignen sich die Linienschiffe nach Fahrplan. Sie legen an vielen Orten entlang der Mosel an und erlauben so das Zusammenstellen einer ganz persönlichen Mosel-Rundfahrt.
www.moselrundfahrten.de

Für manchen braucht es etwas Überwindung, seinen Fuß auf die zweitgrößte Hängebrücke Deutschlands zu setzen. Schier unendlich lang und unendlich hoch über dem Grund präsentiert sie sich. Tatsächlich ist die **Geierlay** 360 m lang und führt über das Mörsdorfer Bachtal, zu dessen Grund es 100 m hinunter sind. Sie ist eine Fußgängerbrücke mit 85 cm breiter Lauffläche. Ihre Konstruktionshöhe inklusive Seilgeländer beträgt 1,5 m. Da dieses an beiden Seiten etwas schräg nach außen verläuft, ist die Breite auf Schulterhöhe rund 1,4 m. Mut, Spannung und Action sind nur drei Attribute, die die Brücke in sich vereint. Sie ist aber auch grandioser Aussichtspunkt – zumindest im Bereich ihrer Mitte. Die Brücke ist übrigens für eine Traglast von 76,5 Tonnen ausgelegt, womit sich auf ihr etwa 950 Personen gleichzeitig befinden können.
Die Hängebrücke ist Bestandteil eines rund um die Uhr offenen Rundwanderwegs und ist somit nicht direkt mit dem Auto erreichbar. Ausreichend Parkplätze befinden sich beim Besucherzentrum im Ort.
Besucherzentrum: Kastellauner Straße 23, 56290 Mörsdorf, www.geierlay.de

BEI EINEM AUSGEDEHNTEN CAMPINGURLAUB

Der **Bunker der Deutschen Bundesbank** in Cochem war einst streng geheim und zählte zu den bestgehüteten Geheimnissen der BRD. Er wurde gebaut, um einen Atomkrieg zu überstehen, womit er ein Kind des Kalten Krieges war. In ihm lagerten 15 Milliarden DM einer geheimen Notstandswährung, die

Deutschland vor einer Hyperinflation bewahren sollte. Der Geldbestand wurde alle drei Monate von einem Prüfer der Bundesbank kontrolliert. Sonst durfte niemand den Bunker betreten. 1988 wurde der Geldbestand vernichtet.
Der 1500 m² große Bunker wurde in 30 m Tiefe angelegt. Auf das Grundstück darüber wurden zwei Tarnhäuser gebaut. Sie sind heute ein Hotel. Die Bunkeranlage kann im Rahmen einer fesselnd gestalteten Führung besichtigt werden. Es geht um Geld, Krieg, die deutsche Geschichte und natürlich um alle Details, wie das Geld einst absolut sicher verwahrt wurde.
Am Wald 35, 56812 Cochem OT Cond, April–Okt. tgl., Nov.–Mitte Dez. Mi, Sa, So, Jan.–März Sa, So, www.bundesbank-bunker.de

Der **Saar-Hunsrück-Steig** wird von 111 Traumschleifen gegliedert. Es handelt sich dabei um Rundwege mit einer Länge von 6 und 20 km. Die in der Regel schmalen und naturnahen Pfade führen häufig zu spektakulären Aussichtspunkten sowie zu Natur- und Kulturdenkmälern, seien es idyllische Wasserläufe oder beeindruckende Felsformationen. Eine der Traumschleifen liegt bei Morbach. Die Tour beginnt beim Kulturdenkmal »Historische Ölmühle«. Abwechslungsreich geht es über Stege durchs Moor aufwärts durch verschiedene Waldformationen auf den Höhenkamm des Idarwaldes. Von dort oben bieten sich tolle Ausblicke auf den Hunsrück.
Touristeninfo: www.saar-hunsrueck-steig.de, www.morbach.de

Die 360 m lange Hängeseilbrücke Geierlay bei Mörsdorf ist sicher einer der spektakulärsten Abschnitte des Saar-Hunsrück-Steigs. Ihn zu betreten erfordert allerdings etwas Mut und Schwindelfreiheit.

CAMPING DONNERSBERG 6

Wald, Wiesen, Felder und Weingärten umgeben den Donnersberg. Er ist mit 687 m die höchste Erhebung des Nordpfälzer Berglands und der gesamten Pfalz. Das markante Donnersbergmassiv zog schon seit Langem die Menschen an. Bereits die alten Kelten waren hier und errichteten eine Wallanlage. Im Mittelalter bauten Mönche hier ein Kloster. Heute spielen zu Füßen des pfälzischen Naturmonuments Natur und Naturerleben wieder die Hauptrolle.
In der Mitte des von Wald umgebenen Campingplatzes befindet sich ein Naturteich. Hier finden Angler Entspannung, sofern sie nicht von badenden Kindern und Hunden aus der Ruhe gebracht werden. Gleich anschließend steht den Gästen ein Bio-Schwimmbad zur Verfügung.
Ruhe vermitteln auch die großzügigen terrassierten Stellplätze inmitten des locker bewaldeten Areals entlang von Teich und Bach. Da fühlt man sich der Natur ganz besonders nahe.

Kahlenbergweiher 1, 67813 Gerbach,
Tel. +49 63 61/82 87, www.campingdonnersberg.com,
April–Sept.
www.pincamp.de/rp8200

Fläche	10 ha
Standplätze Touristen	130
Dauercamper	128
Mietunterkünfte	60
Hunde	willkommen
WLAN	ja

Das umfangreiche Angebot an Outdoor-Aktivitäten ist besonders naturnah. Es reicht vom Floßbauen und Kanufahren über Geocaching bis hin zum Outdoor-Kochkurs und Eltern/Kind-Survival, bei dem auf spielerische Weise auf das Überleben in der Natur eingegangen wird. Zudem kann man an Bogenschießen, Nachtwanderungen und geführten Mountainbike-Touren für Anfänger und Fortgeschrittene teilnehmen.

Fläche	7 ha
Standplätze Touristen	85
Dauercamper	95
Mietunterkünfte	6
Hunde	bedingt erlaubt
WLAN	ja

CAMPING AM KÖNIGSBERG 9|7

Im Nordpfälzer Bergland zählt der Königsberg zu den größten Erhebungen. Verglichen mit den umliegenden Bergen sticht er groß und mächtig hervor – nicht wild und schroff, sondern mit sanften Geländewellen und tiefgrünen Wäldern. Inmitten dieser wohltuenden Landschaft liegt Wolfstein im Lautertal – mit kaum 2000 Einwohnern eine der kleinsten Städte Deutschlands.
Der kleine und gut gepflegte Campingplatz liegt am südlichen Stadtrand. Seine unmittelbaren Nachbarn sind ein Fußballplatz und das örtliche Freibad. Campingplatzgäste haben freien Eintritt. Besonderes Augenmerk wird auf die jüngsten Gäste gelegt. Für sie gibt es einen Spielplatz und ein Spielhaus. Außerdem stehen Trampoline, eine Boulebahn und eine Tischtennisplatte bereit.

Am Schwimmbad 1, 67752 Wolfstein, Tel. +49 63 04/41 43, www.campingwolfstein.de, April–Okt.
www.pincamp.de/rp8350

Den Platzbetreibern ist es ein besonderes Anliegen, ihren Gästen Urlaub in intakter Natur bieten zu können, zumal Camper grundsätzlich ja naturverbunden sind. So ist man bestrebt, unter anderem Energie und Wasser sparsam zu verwenden, Belastung von Böden und Gewässern zu vermeiden, umweltschonend zu reinigen sowie die Natur und Umwelt bei den Freizeitangeboten zu berücksichtigen.

DIE GEGEND ERLEBEN

AN EINEM LANGEN WOCHENENDE

Einst war die Glantalbahn über 85 km lang und führte quer durch Rheinland-Pfalz. In den 1990ern wurde sie großteils stillgelegt und auch schon abgetragen. Einigen wenigen heimatverbundenen Enthusiasten ist es zu verdanken, dass das 40 km lange Teilstück zwischen Bedesbach und Staudernheim erhalten geblieben ist. Es führt durch reizvolle Landschaften mit unzähligen großen und kleinen Sehenswürdigkeiten, oft direkt neben der Strecke. Heute kann diese per Draisine erkundet werden, wobei man die Wahl hat, die gesamte Strecke zu befahren oder nur die erste Hälfte.

Eine **Draisinentour** macht Laune. Wie auf einem Fahrrad strampelt man gemütlich und genießt die Landschaft in netter Gesellschaft, denn auf einer Draisine finden im Durchschnitt vier Personen Platz. Zwei strampeln, zwei lassen es sich gut gehen. In Abständen von 1 bis 1,5 km sind Haltepunkte eingerichtet, an denen die Draisine geparkt werden kann. Sei es um einfach mal nur zu verschnaufen oder um einen Abstecher zu einem Weingut zu machen oder ein Museum zu besuchen. Man bestimmt selbst, wo man wie lange verweilen möchte, und genießt so eine unvergessliche Zeit im Kreise der Familie. Draisinen müssen rechtzeitig vorab reserviert werden.

Bahnhofstraße 67, 66869 Kusel, Ende März–Ende Okt., www.draisinentour.de

Im **Rheinland-Pfälzischen Freilichtmuseum** in Bad Sobernheim bekommt das alltägliche Leben der letzten 500 Jahre neue Energie. In allen Regionen des Bundeslandes wurden über 40 Gebäude abgebaut und auf dem Museumsgelände originalgetreu wieder zusammengebaut. Darunter befinden sich eine alte Schule und eine Metzgerei mit Villeroy & Boch-Fliesen. Im Inneren der Gebäude finden sich authentisch und detailreich eingerichtete Wohn- und Arbeitsräume unterschiedlicher Epochen. Weiter sind in den Häusern Werk- und Arbeitsstätten sowie historische Geschäfte zu finden.

Zwischen den Gebäuden wurden Gärten, ein Weinberg und zahlreiche Streuobstwiesen

Eine Draisinentour auf den stillgelegten Gleisen der Glantalbahn ist ein idealer Familienausflug.

An einer der zahlreichen Mitmachstationen im Rheinland-Pfälzischen Freilichtmuseum können Kinder selbst ausprobieren, wie die Holzkonstruktionen der historischen Gebäude funktionieren.

angelegt. Auf ihnen wachsen alte Nutz- und Zierpflanzen, die man heute nur noch selten findet. Weiden mit den zugehörigen Tieren vermitteln dem Besucher das Gefühl, in die Geschichte einzutauchen. Mitmachstationen auf dem gesamten Gelände laden zum Ausprobieren und Entdecken ein.
Das Freilichtmuseum bietet Übersichts- und Themenführungen sowie zahlreiche Mitmachangebote an. So können Kinder ab 6 Jahren etwa an einem historischen Schulunterricht teilnehmen. Dabei sitzen sie dicht an dicht auf historischen Bänken. Mit Schiefertafel und Griffel wird die »Deutsche Schrift« geübt. Außerdem erfahren die Kinder von alten Bestrafungsmethoden, wie Schläge mit dem Rohrstock.
55566 Bad Sobernheim, Ausschilderung zum Freilichtmuseum folgen, Ende März–Anfang Nov. Di–So, www.freilichtmuseum-rlp.de

IN EINER WOCHE CAMPING

Von Imsbach am südlichen Rand des Donnersberg führen drei **Rundwanderwege** hinauf auf herrliche Aussichtspunkte und geben Einblicke in die Bergbau-Vergangenheit der Region. Der 3,3 km lange Kupferweg 1, Schwierigkeitsgrad leicht, sollte in etwa einer Stunde zu bewältigen sein. Er führt an zahlreichen Relikten des Erzbergbaus vorbei. Für den knapp 7 km langen Kupferweg 2, Schwierigkeitsgrad mittel, sind mindestens 2,5 Stunden einzuplanen. Er führt an allen wichtigen Gruben des ehemaligen Kupfer-Kobalt-Silber-Mangan-Bergbaus bei Imsbach vorbei. Dabei gewinnt man einen guten Eindruck über die Ausdehnung der teils jahr-

hundertealten Gruben. Zuletzt kommt man am 5,5 km langen Eisenweg an Relikten aus 2000 Jahren Bergbaugeschichte vorbei. Für den mittelschweren Weg sind an die 2 Stunden zu veranschlagen. Nähere Informationen zu den Bergbauwegen erhält man in der Gemeindeverwaltung Winnweiler.
Gemeindeverwaltung: Jakobstraße 29, 67722 Winnweiler

Hauptattraktion des **Wildparks Potzberg** ist die Falknerei. Sie liegt auf rund 562 m Höhe mit bestem Blick in die Westpfalz. Von Ende März bis Ende Oktober, je nach Witterung auch bis November, werden dort täglich um 15 Uhr frei fliegende Weißkopfseeadler, Geier, Falken, Bussarde und Andenkondore in Flugshows präsentiert. Weniger wild, und daher vor allem für die Kleineren spannend, geht es im Streichelzoo zu. Hier kann man mit Elchen, Rotwild, Hasen und Hängebauchschweinen auf Tuchfühlung gehen oder Waschbären, eine Gänsefamilie und Esel aus nächster Nähe beobachten.
Am Potzberg 1, 66887 Föckelberg, Öffnungszeiten auf Homepage nachlesen, www.wildpark.potzberg.de

Seine erste Erwähnung fand der Ort **Kirchheimbolanden** bereits im Jahr 774. Sein Name erscheint etwas sonderbar. Er setzt sich aus dem eigentlichen Ortsnamen Kirchheim und den Herren von Bolanden, in deren Besitz die Region im Mittelalter war, zusammen. In seiner bewegten Geschichte wurde die ehemalige Residenzstadt der Grafen und Fürsten von Nassau-Weilburg im Stil des Barock herausgeputzt. Davon zeugen elegante Straßenzüge und Palais, das Schloss mit Schlosspark und die großteils erhalten gebliebene Altstadt. In ihr lässt es sich bequem durch die engen Gassen schlendern. Autos sind tabu. Kirchheimbolanden besitzt zudem eine der am besten erhaltenen mittelalterlichen Stadtbefestigungen der Region. Zwei Stadttürme und rund ein Drittel der Stadtmauer sind noch sichtbar und können teilweise sogar begangen werden. Auch weitere Türme, wie der Apothekerturm, einst das Verlies der Stadt, stammen aus dem Mittelalter.
Es lohnt sich ein Besuch im Stadtmuseum, untergebracht in einem für den Nassauischen Erbprinzen errichteten Prachtpalais. Prachtvoll ist auch die Orgel der äußerlich eher unscheinbaren Paulskirche. Sie beherbergt eine der besterhaltenen Barockorgeln Deutschlands. Berühmt ist sie aber nicht zuletzt deshalb, weil Wolfgang Amadeus Mozart 1778 auf ihr spielte.
Durch die Altstadt werden auch Führungen angeboten. Termine sind bei der Touristeninformation zu erfragen.
www.kirchheimbolanden.de

Weder durch Brände, Kriege oder andere Ereignisse wurde die 1154 erstmals erwähnte Kleinstadt je zerstört. In **Meisenheim** sind vergangene Jahrhunderte daher lebendig geblieben. Die Altstadt besticht durch ihr mittelalterliches Bild, das von hohem kulturhistorischen Wert ist.
Bemerkenswerte Baudenkmäler sind neben zahlreichen Adelshöfen und bürgerlichen Fachwerkhäusern insbesondere das gotische Rathaus, die spätgotische Schlosskirche und Reste des mittelalterlichen Mauerrings mit dem Untertor. Idyllisch fließt die felsengesäumte Glan unmittelbar an der Altstadt vorbei. Der Charme des Städtchens mit gerade einmal 3000 Einwohnern beruht auch darauf, dass es nicht von weiten Neubau- und

Gewerbegebieten umgeben ist. Ein Besuch von Meisenheim am Glan entführt in längst vergangene Zeiten.
Touristeninfo: Untergasse 16, 55590 Meisenheim (Glan), www.stadt-meisenheim.de

BEI EINEM AUSGEDEHNTEN CAMPINGURLAUB

Was für eine grandiose Kulisse! Vom Ufer der Nahe ragt 136 m hoch der schroffe Rheingrafenstein steil empor. Direkt am gegenüberliegenden Ufer liegt der Kurpark von **Bad Münster**, gesäumt von Fachwerkhäusern und den pittoresken historischen Gradierwerken der ehemaligen Saline. Auf der Felsspitze des Rheingrafensteins sind Reste der gleichnamigen Burg aus dem 11. Jahrhundert zu sehen. Etwas unterhalb liegt die Vorburg-Ruine Affenstein. Nachdem man vom Kurpark kommend mit einer handgezogenen Fähre über die Nahe gesetzt wurde, geht es auf steilem Fußweg hinauf. Von oben genießt man eine tolle Aussicht auf die Umgebung.
Touristeninfo: Berliner Straße 60, 55583 Bad Münster am Stein-Ebernburg, www.bad-muenster-am-stein.de

Der Pfälzerwald ist nicht nur Deutschlands größtes zusammenhängendes Waldgebiet und Biosphärenreservat, sondern auch ein Outdoor-Spielplatz der Superlative: **Mountainbike**-Fahrer finden hier ein mittlerweile 900 km langes, gut ausgeschildertes Netz von Trails in unterschiedlichen Schwierigkeitsgraden. Es geht durch eine eindrucksvolle Berg- und Tallandschaft, auf verschlungenen Naturpfaden, vorbei an romantischen Burgen und pittoresken Felsformationen. Auch für traumhafte Aussichtspunkte und urige Verpflegungsstationen ist auf den ganzjährig befahrbaren Wegen gesorgt. Um Unfälle zu vermeiden, ist jeweils eine Fahrtrichtung festgelegt. Über lohnende Strecken, Einstiegspunkte sowie Gepäck- und Rücktransport-Angebote informieren Website und lokale Informationsstellen.
Touristeninfo: Pirmasenser Str. 62, 67655 Kaiserslautern, www.mountainbikepark-pfaelzerwald.de

Das pfälzische Ramstein erlangte durch seinen Flugplatz der US-Streitkräfte weltweite Bekanntheit. Über Jahrzehnte hinweg hat das Militär die Gegend geprägt. Das »Dokumentations- und Ausstellungszentrum zur Geschichte der US-Amerikaner in Rheinland-Pfalz«, kurz **»docu center ramstein«**, wurde 2007 zur wissenschaftlichen Aufarbeitung und Präsentation gegründet. Hier werden einzigartige Dokumente, Objekte und Informationen zur Geschichte der dort ansässigen amerikanischen Streitkräfte ausgestellt. Das in Containern untergebrachte Museum vermittelt, wie es in der Vergangenheit war. Doch die Geschichte ist noch nicht zu Ende und wird weiter geschrieben. Der Eintritt ins Museum ist frei.
Schernauer Straße 46, 66788 Ramstein OT Miesenbach, ganzjährig Di–So, www.dc-ramstein.de

Im Frühsommer, wenn unter anderem die Edelkastanien blühen, erfüllt ein herber Duft die Wälder der Haardt. An ihrem Rand führt ein landschaftlich reizvoller **Wanderweg** entlang. Er beginnt in Hauenstein, endet in Neustadt an der Weinstraße und ist das ganze Jahr über ein Erlebnis. Von der insgesamt

50 km umfassenden Route kann man beliebige Teilstücke wählen. Daneben gibt es auch Rundwegvarianten. Die gesamte Strecke ist mit Kastaniensymbolen beschildert. *Touristeninfo: www.keschdeweg.de*

Von drei ehemaligen Pfälzer Quecksilberbergwerken, die bereits seit dem 15. Jahrhundert betrieben wurden, kann der **Schmittenstollen** bei Niederhausen besichtigt werden. Es ist das einzige Quecksilber-Bergwerk, das in Westeuropa als Besucherbergwerk ausgebaut wurde. Vermutlich haben an dieser Stelle bereits die Römer Bergbau betrieben.
In dem heute für Besucher freigegebenen Stollen kann man die nur mit Schlägel und Bergeisen, dem klassischen Bergmannswerkzeug, gegrabenen Strecken aus dem späten Mittelalter genauso erkennen wie die im letzten Jahrhundert mit Maschinen und Sprengstoff bearbeiteten. Die Führung unter Tage macht deutlich, unter welchen Bedingungen Bergleute hier über Jahrhunderte dem Berg das wertvolle Erz abgerungen haben. Zum Besucherbergwerk gehört neben einem Wein- und Biergarten mit regionalen Spezialitäten auch ein Grubenerlebnisspielplatz mit Tante-Emma-Lok. In spielerischen Elementen werden auch Grundzüge des Bergbaus vermittelt. Und man kann auf dem Gelände auch kleine »Edelsteine« finden. *67824 Feilbingert, Besucher- und Wanderparkplatz im Ortswald (ausgeschildert), Ende März–Okt. Mi–So, www.schmittenstollen.de*

Der Pfälzerwald ist ein Paradies für Mountainbike-Fahrer. Auf einem über 900 km langen Streckennetz in reizvoller Landschaft finden sich Trails in allen Schwierigkeitsgraden.

FORTUNA CAMPING AM NECKAR 8

Eine schönere Lage hätte sich das bereits im 8. Jahrhundert erstmals erwähnte kleine Dörfchen Binau nicht suchen können. Es liegt eingebettet in der größten Neckarschleife, mit welcher der Fluss gemächlich um den Ort herum zieht. Dabei gibt er den mittelalterlichen Fachwerkbauten, dem Schloss und den Resten der Burg Dauchstein den passenden Rahmen.

Unmittelbar am malerischen Sonnenufer liegt dieser kleine, engagiert betriebene Campingplatz. Auf ihm geht es eher ruhig zu. Für Badefreuden sorgt ein kleines, solarbeheiztes Freibad. Zum Teil wird während des Sommers auch Kinderanimation geboten. Die etwas Größeren werden eher das Angebot, einen Stand-up-Paddling-Kurs vor Ort zu besuchen, annehmen. Für Spaß sorgen auch geführte Segway-Touren in die Umgebung. Wassersportler, egal ob mit Kanu, Ruder- oder Motorboot, haben auf dem Neckar beste Möglichkeiten.

Neckarstraße 6, 74862 Binau, Tel. +49 62 63/669,
www.fortuna-camping.de, April–Ende Okt.
www.pincamp.de/wn2550

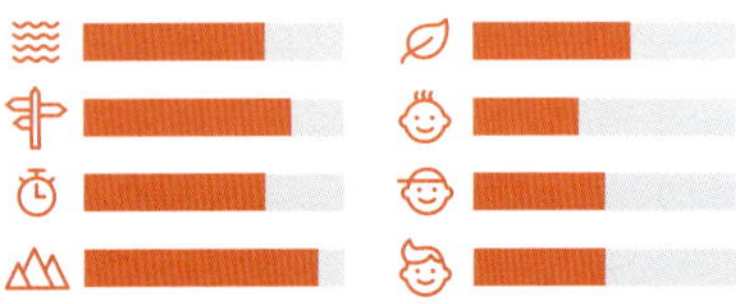

Fläche	5 ha
Standplätze Touristen	135
Dauercamper	45
Mietunterkünfte	6
Hunde	erlaubt
WLAN	ja

CAMPING PARK HAMMELBACH 9|9

Der Odenwald liegt zwischen Darmstadt und Heidelberg, Aschaffenburg und Heilbronn. Sein Name steht für ein Mittelgebirge mit Streuobstwiesen und viel Wald. In der sanften, beruhigenden Hügellandschaft dieses alten Kulturlandes gibt es viel zu entdecken: Burgen und Schlösser, verträumte Dörfer und beschauliche Städtchen mit historischen Fachwerkhäusern. Kein Wunder, dass die Odenwälder stolz auf ihre Heimat sind. Ausgedehnte Wanderrouten, Mountainbike-Strecken und vieles mehr machen die Region zu einem echten Erlebnis – in jeder Beziehung. Im Herzen des Odenwalds liegt auch der überschaubare, parkähnlich gestaltete Camping Park. Der fantastische Fernblick und seine sehr ruhige Lage machen ihn zu einer Entspannungsoase. Im unmittelbar an den Campingplatz angrenzenden Ort kann man unter anderem das öffentliche Freibad besuchen. Des Weiteren findet man hier Kegelbahnen, Tennisplätze und Möglichkeiten zum Sportschießen.

Gasse 17, 64689 Grasellenbach, Tel. +49 62 53/38 31,
www.camping-hammelbach.de, April–Okt.
www.pincamp.de/hs8250

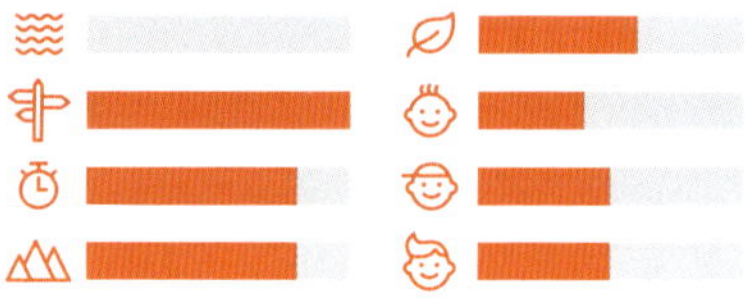

Fläche	3,1 ha
Standplätze Touristen	35
Dauercamper	100
Mietunterkünfte	0
Hunde	auf Anfrage
WLAN	ja

Eine gute Gegend zum Wandern. Zwar geht es in diesem Hügelland ständig auf und ab, dafür aber nicht zu steil. Das macht das Wandern angenehm und stellt für Jung und Alt keine Herausforderung dar. Wandern wie und wohin das Herz begehrt. Die Region wartet unter anderem mit Themen- und Fernwanderwegen sowie Geoparkpfaden auf.

DIE GEGEND ERLEBEN

AN EINEM LANGEN WOCHENENDE

Aus gutem Grund zählt **Heidelberg** weltweit zu den bekanntesten deutschen Städten. Mit ihrer Lage an den grünen Hängen des lieblichen Neckartals gilt sie als Inbegriff deutscher Romantik. Die 1196 erstmals erwähnte Stadt liegt dort, wo der Fluss den Odenwald verlässt und in die Oberrheinebene eintritt. Zuvor hatten sich hier schon die Kelten und Römer niedergelassen. Die einstige kurpfälzische Residenzstadt war seit jeher ein Ort des Wissens. Ihre Universität ist die älteste Hochschule ganz Deutschlands. Sie wurde 1386 gegründet. Einen ersten Überblick vermittelt ein Spaziergang zur berühmten Schlossruine hoch über der verwinkelten Altstadt. Unvergessliche Blicke auf das historische Zentrum inklusive der Schlossruine gewährt auch der Philosophenweg am Hang des Heiligenbergs.
Einen Besuch wert ist auf jeden Fall die Schlossruine Heidelberg. Dass das Schloss heute eher eine Ruine ist, liegt an seiner mehrfachen Zerstörung. Irgendwann waren die Schlossherren der Restaurierung überdrüssig und entschieden sich, das Gebäude dem Verfall preiszugeben. Zumindest ein Teil des Prunkbaues ist noch immer intakt und kann besichtigt werden. Heute zählt das Schloss zu den meistbesuchten Sehenswürdigkeiten Deutschlands.
Die weiteren Sehenswürdigkeiten lassen sich am besten bei einem Spaziergang erleben. So etwa der Kornmarkt mit seinen traditionellen Gebäuden wie dem Rathaus und dem Palais Graimberg. Gemeinsam mit dem schönen Blick auf das Schloss zählt er zu den idyllischsten Plätzen Heidelbergs. Zu den weiteren Orten, die man in der Stadt gesehen haben muss, zählen die Alte Brücke, die Universität und natürlich die vielen Straßen und Gassen der Altstadt mit ihren historischen Häusern und imposanten Kirchen.
Schnell fühlen sich Besucher wohl in der ehemaligen kurpfälzischen Residenzstadt. Man kann sich gut entspannen und sich an den kleinen Dingen des Lebens erfreuen.
Touristeninfo: Willy-Brandt-Platz 1, 69115 Heidelberg, www.heidelberg-marketing.de

IN EINER WOCHE CAMPING

Ob in Begleitung eines Nachtwächters oder einer Henkerstochter – im echten Leben sind sie Archäologen, Kulturwissenschaftler oder Historiker –, die historischen Rundgänge lassen Geschichte lebendig werden. Wo Huren und Taschendiebe ihrem Gewerbe nachgingen, wo Hexen verbrannt, Finger abgehackt und Ohren abgeschnitten wurden, das wissen die Führer anschaulich und gleichermaßen amüsant zu schildern. Weniger gruselig geht es bei den **Altstadtführungen** für Familien mit Kindern zu. Dort stehen die Sagen und Legenden der Stadt auf dem Programm.
Infos: www.heidelberg-stadtfuehrungen.de

Angefangen hat alles 1929 mit einem Gasthaus und einer Rutsche. Im Laufe der Jahrzehnte wurde daraus der große **Erlebnispark Tripsdrill** mit über 100 originellen Attraktionen, die für Spaß und Nervenkitzel für die ganze Familie sorgen. Alleine vier Achterbahnen sowie zahlreiche Fahrgeschäfte speziell für Mutige, Familien und Kinder stehen zur Wahl. Anhand der Eingabe von Größe und Alter verrät die Homepage, welche Attraktionen zum Beispiel für Kleinkinder zulässig sind. Dabei wird man feststellen, dass überraschend viele Attraktionen, zumindest in Begleitung der Eltern, bereits ab 4 Jahren und einer Größe von 1 m zulässig sind. So lässt sich der Besuch perfekt planen, und es bleiben auch Enttäuschungen aus.
Unmittelbar an den Erlebnispark schließt ein Wildpark an. In ihm kann man an die 50 Tierarten vom Andenkondor über den Europäischen Wolf und dem Luchs bis hin zum Yak und der Zwergziege beobachten. Zudem werden Flugvorführungen und Fütterungsrunden bei Wölfen, Bären, Luchsen und Wildkatzen angeboten. Für die Kleinen gibt es auch einen Streichelzoo.
Erlebnispark: Tripsdrillstraße 1, Anf. April–Anf. Nov., Wildpark: Tripsdrillstraße 2, ganzjährig geöffnet, 74389 Cleebronn/Tripsdrill, www.tripsdrill.de

Sie ist 2 Millionen Jahre alt und 1971 im Buchener Stadtteil Eberstadt ganz zufällig zutage getreten, als eine Steinbruchsprengung einen schmalen Spalt öffnete. Hinter ihm offenbarte sich eine atemberaubende Schönheit: eine Höhle voller Stalaktiten und Stalagmiten von unglaublichem Formenreichtum. Die Tropfsteine wachsen auch heute noch weiter, allerdings für uns unmerklich. Nur 0,1 mm pro Jahr und somit nicht einmal 1 cm während eines Menschenlebens. Das zeigt uns einerseits, welche Zeitdimensionen hier herrschen und wie unermesslich wertvoll

Der Erlebnispark Tripsdrill in der Nähe von Ludwigsburg gehört mit seinen über hundert Attraktionen für Jung und Alt zu den beliebtesten Ausflugszielen in Baden-Württemberg.

und filigran jedes einzelne Teil hier ist. Die **Eberstadter Tropfsteinhöhle** ist heute eine der größten Besucherhöhlen in Deutschland und auf gut ausgebauten Wegen begehbar. Wobei die Besichtigung nur im Rahmen einer Führung möglich ist. Beim Besucherzentrum gibt es multimediale, weiterführende Informationen rund um die Höhle. Für Kinder gibt es einen Spielplatz und Spielgeräte.
Höhlenweg 8, 74722 Buchen OT Eberstadt, März, April, Sept., Okt. Di–So, Mai–Aug. tgl., Nov.–Feb. Sa, So, www.tropfsteinhoehle.eu

BEI EINEM AUSGEDEHNTEN CAMPINGURLAUB

Dürstet man an so richtig brütend heißen Tagen nach der perfekten Abkühlung, dann ist der romantisch gelegene **Eutersee** in Oberzent-Schöllenbach genau die richtige Wahl. Der idyllisch gelegene See wird vom kalten Bergwasser der Itter durchflossen. Sie sorgt für eine durchschnittliche Wassertemperatur von 13 bis 16 Grad. Da braucht es allerdings etwas Überwindung, um ins Wasser zu gehen.
Hesselbacher Weg, 64760 Oberzent-Schöllenbach

Im ehemaligen Neckarsulmer Deutschordensschloss aus dem 16. Jahrhundert kann man sich im Rahmen der größten **Zweiradsammlung** Deutschlands auf eine Reise vom Laufrad bis zur Rennmaschine begeben. Eine Drais'sche Laufmaschine kann man hier ebenso bewundern wie imposante Hochräder und die ersten »Niedersicherheitsfahrräder«. Breiten Raum nimmt auch die Motorisierung ein. Der Daimler-Reitwagen ist ebenso ausgestellt wie das erste Serien-Benzinmotorrad der Welt. Darüber hinaus wird die technische Entwicklung der Motorräder anhand von Modellen bekannter Hersteller von Adler bis Zündapp lebendig.
Im angeschlossenen NSU-Museum wird mit ausgewählten Exponaten die Entwicklung eines der erfolgreichsten Motorrad-Produzenten der Welt veranschaulicht. Selbstverständlich kann man hier einst so beliebte Modelle wie Fox, Lambretta und Max bestaunen. Zudem geht die Ausstellung auf die Auto-Historie von NSU ein. Der legendäre Prinz ist hier ebenso zu sehen wie der Spider und Ro 80.
Urbanstraße 11, 74172 Neckarsulm, Di–So, www.zweirad-museum.de

Im **Technik Museum Sinsheim** werden in einer weltweit einzigartigen Vielfalt Meilensteine der Technikgeschichte gezeigt. Wie rot strahlt das Rot eines Ferraris? Wie groß ist die größte Tanzorgel der Welt? Hat die französische Concorde oder die russische Tupolev TU 144 die Nase vorn? Beide Maschinen, die auf dem Museumsdach um die Wette ihre spitzen Nasen Richtung Himmel recken, kann man von innen besichtigen. Daneben warten noch Hunderte edle Oldtimer, PS-starke Motorräder, Sportwagen, kraftvolle Landmaschinen, Formel-1-Legenden, nostalgische Rennräder, riesige Dampfloks, Musikinstrumente, Motoren und umfangreiche Militärtechnik auf den Besucher. Weitere Highlights sind eine Mercedes-Benz- und Maybach-Sammlung. Es gibt an jeder Ecke etwas anderes und Außergewöhnliches zu entdecken. Stündlich wechselnd gibt es im Imax-Kino rasante 3D-Filme auf gigantischer Leinwand. Das beispiellose Technik Museum Sinsheim

steht nicht still, ist spannend inszeniert und immer unterhaltsam.
Museumsplatz, 74889 Sinsheim, tgl. geöffnet, www.sinsheim.technik-museum.de

Gegenüber von **Neckargerach** erhebt sich eine mächtige Burgruine, die das Wahrzeichen des Ortes ist. Ihre jetzige Gestalt geht auf das frühe 16. Jahrhundert zurück. Über die Entstehung der Minneburg weiß man nichts Genaues. Ihre Wurzeln liegen wohl im 12. Jahrhundert. 1339 wurde sie erstmals erwähnt. 1803 wurde die Anlage aufgegeben. Die Burgenlegende ist hollywoodreif: Der Name der Burg geht einer Sage zufolge auf Minna von Horneck zurück. Das edle Burgfräulein liebte den Ritter Edelmut, war aber einem Grafen versprochen. Da der tapfere Ritter außer seiner Liebe zu Minna nichts vorzuweisen hatte, zog er in einen Kreuzzug, während sie sich vergeblich mühte, der Heirat mit einem ungeliebten Grafen zu entkommen. Als Edelmut endlich heimkehrt, fand er die geliebte Minna sterbend vor. Er kann ihr nur noch versprechen, eine Burg zu ihrer Liebe Ehren zu errichten. So geschah es, und fortan ward sie Minneburg genannt. Minne war das mittelhochdeutsche Wort für Liebe.
Heute ist die mächtige, hervorragend erhaltene Burgruine ein beliebtes Ausflugsziel. Alleine schon, weil man von ihr einen schönen Ausblick auf das Neckartal hat. Wenn man durch ihre Tore und Mauern streift, von den Zinnen blickt, kann man sich seinen eigenen Reim darauf machen, wie viel Wahres in dieser alten Gründungssage steckt. Der Weg zur Burg lohnt auf jeden Fall.
69437 Neckargerach, www.neckargerach.de

Das Technik Museum Sinsheim macht eine überwältigende Fülle von Flugzeugen, Automobilen und Maschinen aller Art hautnah erlebbar. Ein Tag ist viel zu kurz, um alles zu sehen.

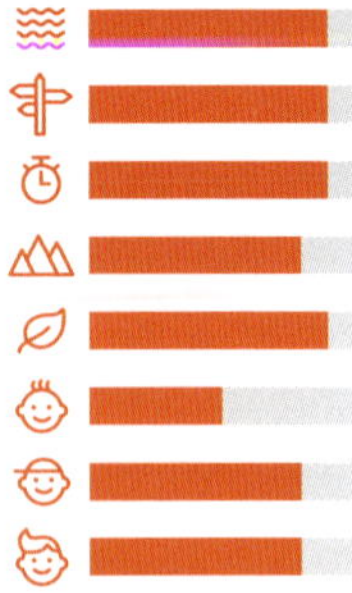

Fläche	16,5 ha
Standplätze Touristen	342
Dauercamper	317
Mietunterkünfte	7
Hunde	bedingt erlaubt
WLAN	ja

CAMPINGPARK BREITENAUER SEE 10

Das Heilbronner Land, das sind sanft hügelige Weinberge, romantische Wälder und verträumte Flusstäler. Die Vielfalt der Landschaft reicht von der Fachwerkidylle kleiner Städtchen bis hin zu Hightech-Metropolen. Sie lädt ein, auf Schusters Rappen oder mit dem Rad erkundet zu werden. Als Maßnahme für den Hochwasserschutz wurde in den frühen 1980ern am Rande des Naturparks Schwäbisch-Fränkischer Wald der Breitenauer See angelegt. Er wurde zum reizvollen Naherholungsgebiet mit perfekter Infrastruktur. Dazu gehört am Westufer auch der gepflegte, von Weingärten gesäumte Campingplatz. An heißen Tagen lockt der 400 m lange Strand mit sandigen Abschnitten. Mit Tret-, Ruder- und Schlauchbooten lässt sich der See auch zu Wasser erkunden.

Breitenauer See 2, 74245 Löwenstein,
Tel. +49 71 30/85 58, www.breitenauer-see.de, ganzjährig
www.pincamp.de/wn3000

Während der Sommerferien wird ein umfangreiches Animationsprogramm für Kinder und Jugendliche geboten, wie beispielsweise Stockbrot-Grillen, Fußballturniere, Schnitzeljagden, Piratenspiele und Kinoabende. Zudem bietet sich der See zum Bootfahren und Stand-Up-Paddling an, was bei den Kids ein besonderer Renner ist.

DIE GEGEND ERLEBEN

IN EINER WOCHE CAMPING

Das schöne **Familienbad AQUAtoll** in Neckarsulm unter einer riesigen Glaskuppel lockt mit tropischen Pflanzen, natürlichem Felsgestein und selbstverständlich zahlreichen Wasserattraktionen. »Entdecken, Erleben, Entspannen« lautet das Motto. Bekannt wurde das Bad unter anderem durch seinen 71 m langen Wildwasserfluss mit vielen Strudeln und Windungen. Er ist ab einem Alter von 10 Jahren freigegeben. Für Kinder bis rund 9 Jahre gibt es eine eigene Piratenwelt, in der tolle Wasserabenteuer warten. Zudem punktet das Bad mit einer ausgesprochen gut ausgestatteten Wasser- und Spiellandschaft. Hier findet man Wassergrotten und Tropfsteinhöhlen sowie eine Wasserwelt, die die Fantasie der Kleinen anregt.
Wilfenseeweg 70, 74172 Neckarsulm,
tgl. geöffnet, www.aquatoll.de

Junge und alte Eisenbahnfreunde kommen in Heilbronn voll auf ihre Kosten. Das **Süddeutsche Eisenbahnmuseum** ist in den denkmalgeschützten Gebäuden des ehemaligen Bahnbetriebswerks untergebracht. Dampf- und Diesellokomotiven sowie Wagen aus der Zeit von 1895 bis in die 1950er findet man im letzten im Originalzustand erhalten gebliebenen Ringlokschuppen der Königlich Württembergischen Staatsbahn. An die 20 Loks sind bereits restauriert, zehn weitere befinden sich in der Aufarbeitung. Daneben werden zahlreiche Bahnbetriebsmittel ausgestellt. Ein weiteres Highlight ist die Drehscheibe vor dem Lokschuppen. Hier gibt es manch Verblüffendes über den Eisenbahn-Alltag von einst zu erfahren.
Leonhardstraße 15, 74080 Heilbronn,
März–Okt. Sa, So und Feiertag, Nov.–Feb. Sa,
www.eisenbahnmuseum-heilbronn.de

Wasserratten aller Altersstufen können sich im AQUAtoll in Neckarsulm austoben.

Bad Wimpfen steht wohl kaum ganz oben auf der Liste der Sehenswürdigkeiten, die man gerne besuchen möchte. Zu Unrecht, denn das kleine Städtchen, dessen Wurzeln bereits bei den Kelten liegt und das seit dem 9. Jahrhundert das Marktrecht besitzt, ist eine Perle unter den erhaltenen historischen deutschen Stadtkernen. Bereits die Silhouette der Stadt erinnert noch heute an das tiefe Mittelalter. Der mit Erkern versehene Blaue Turm und der quadratische, mächtige Wehrturm, beide um 1200 erbaut, prägen das Stadtbild genauso wie die Stadtkirche mit ihren beiden markanten Kirchtürmen und die unzähligen Fachwerk- und Herrenhäuser in den Gassen. Hier reiht sich ein Kleinod an das nächste. Zu ihnen zählen auch die Arkaden des Staufischen Palais, die Pfalzkapelle und das Steinhaus. Als einst Kaiser und Könige in Wimpfen Hof hielten, befanden sich in der Stadt Gesandte aus aller Herren Länder, die ihre kulinarischen Gewohnheiten in die Region trugen. Sie haben sich bis heute gehalten. Was liegt also näher, als sich nach einem Stadtrundgang etwas Gutes zu gönnen? Egal, ob traditionelle schwäbische Küche mit Maultaschen und Spätzle oder internationale Spezialitäten. Da ist für jeden Geschmack etwas dabei.
Touristeninfo: Hauptstraße 45, 74206 Bad Wimpfen, www.badwimpfen.de

Nur rund einen Kilometer östlich des historischen Stadtkerns von Bad Wimpfen befindet sich eine weitere Sehenswürdigkeit höchsten Rangs. Die **Ritterstiftskirche St. Peter** ist ein Meisterwerk frühgotischer Baukunst und eine der bedeutendsten Kirchen Süddeutschlands. Sie erhebt sich direkt am Neckar dort, wo sich einst eine Römerstadt befand. Ihre Entstehung liegt weitgehend im Dunkeln. Der heutige Bau stammt aus dem 10. bis 13. Jahrhundert. Die Besichtigung der reich mit Türmchen verzierten Ritterkirche ist täglich möglich. Sie gehört zum ehemaligen Benediktinerkloster Bad Wimpfen, das unmittelbar an die Kirche anschließt. Das Kloster ist heute eine Bildungsstätte. Besonders sehenswert ist der hochgotische Kreuzgang. Er kann von Ostern bis Mitte Oktober außer Montag und Samstag besichtigt werden.
Lindenplatz 7, 74206 Bad Wimpfen, www.badwimpfen.de

BEI EINEM AUSGEDEHNTEN CAMPINGURLAUB

Groß, mächtig und weithin sichtbar thront die beinahe 1000 Jahre alte **Burg Stettenfels** über dem Städtchen Untergruppenbach. Von hier genießt man einen weiten Blick über das Schozachtal und den Naturpark Schwäbisch-Fränkischer Wald.
Längst hat sich Burg Stettenfels als Veranstaltungsort etabliert, der zu jeder Jahreszeit etwas zu bieten hat. Zu den herausragenden Veranstaltungen zählen die alljährlich im Juli und August stattfindenden Burgfestspiele. Auf dem Spielplan stehen üblicherweise zwei Stücke, von denen eines stets ein Theaterstück für Kinder ist. Bei beiden stehen Spaß und Unterhaltung an vorderster Stelle. Wegen des regen Andrangs auf die Vorstellungen empfiehlt sich dringend, Eintrittskarten rechtzeitig vorzubestellen. Vorverkaufsstellen sind auf der Homepage der Burgfestspiele nachzulesen.
Stettenfels 4, 74199 Untergruppenbach, www.burgfestspiele-stettenfels.com

Das **Friedrichshaller Besucherbergwerk** bietet einen beeindruckenden Einblick in 200 Millionen Jahre Erdgeschichte und Jahrhunderte der Bergbautechnik. Binnen 30 Sekunden bringt der Förderkorb die Besucher 180 m tief in die faszinierende Welt des weißen Goldes. Kalt ist es hier unten nicht. Die Temperatur in dieser Tiefe beträgt konstant 18 Grad. Der Salzabbau hat im Laufe der Zeit gewaltige unterirdische Kammern geschaffen. In ihnen werden die sich im Laufe der Jahrzehnte wechselnden Abbautechniken vorgestellt. Besuchern werden mit modernster Multimedia-Technik die Zusammenhänge der Salzentstehung und der vielfältigen Geschichte der bergmännischen Salzgewinnung vermittelt. Begleitet wird die Ausstellung von beeindruckenden Lasershows und Lichtinszenierungen. Darüber hinaus können interaktive Experimente durchgeführt werden und sogar eine effektvolle Schausprengung selbst ausgelöst werden. Beeindruckend ist auch der grandiose Kuppelsaal mit seinen Reliefs in Salz. Handfester ist das Erlebnis auf einer 40 m langen alten Grubenrutsche. Ein Erlebnis für Jung und Alt.
Bergrat-Bilfinger-Straße 1, 74177 Bad Friedrichshall, Mai–Anfang Okt. Sa, So, Ende Mai–Ende Juli auch Fr, www.salzwerke.de/de/tourismus/besucherbergwerk-bad-friedrichshall.html

Die ehemalige Stauferpfalz und Reichsstadt Bad Wimpfen hat sich bis heute ihre malerische Altstadt mit zahlreichen Fachwerkbauten und Herrenhäusern erhalten.

WALDCAMPING BROMBACH 11

Der Name Mittelfranken bezieht sich auf die Lage der Region zum Main. Sie liegt also in seinem Mittellauf, dort, wo in der beschaulichen Landschaft des Spalter Hügellandes kleine, beschauliche Dörfer eingebettet sind. In der Waldwelt des Fränkischen Seenlandes mit seinen rauschenden Wipfeln und dem ätherischen Geruch der Nadelbäume werden Kopf und Körper frei. Der Campingplatz liegt in der Nähe des Großen Brombachsees, der ideal zum Baden und Entspannen ist. Er ist aber auch der Ort, wo man mit der MS Brombachsee Kreuzfahrtfeeling im Kleinen erleben kann. Dass es vom Campingplatz rund 20 Minuten durch den duftenden Kiefernwald sind, ist kein Nachteil, sondern gehört zum Wohlfühlkonzept der Region. Dazu zählen aber auch geräumige Standplätze sowie Glamping-Unterkünfte wie Trollhütten, Hexenhäuschen und Fässer. Auf Kinder warten ein großzügiger Abenteuer- und ein Kleinkinderspielplatz, ein Niedrigseilgarten und in den bayerischen Sommerferien ein umfangreiches Animationsprogramm.

Sportpark 13, 91785 Pleinfeld, Tel. +49 91 44/60 80 90,
www.waldcamping-brombach.de, ganzjährig
www.pincamp.de/nb6200

Fläche	14 ha
Standplätze Touristen	390
Dauercamper	140
Mietunterkünfte	40
Hunde	erlaubt
WLAN	ja, teilweise

Action steht hier vielleicht nicht an erster Stelle. Die Nähe zum Wald und dem Stausee lädt aber zu ausgedehnten Spaziergängen in der Natur ein. Natürlich bieten sich beide auch für Sportaktivitäten an. Die Umgebung lässt sich auch per ausgeborgtem Segway oder E-Bike erkunden. Rund 12 km entfernt gibt es auch eine Sommerrodelbahn mit Erlebnispark.

MOHRENHOF FRANKEN 12

Landidylle pur! Der kleine mittelfränkische Weiler Lauterbach liegt inmitten ausgedehnter Felder. Keine Industrie, keine großen Städte, kein Lärm und keine Hektik – einfach nur einige Bauernhäuser. Am westlichen Ortsrand liegt ein kleiner, flacher Weiher. Genauso stellt man sich einen beschaulichen Dorfteich vor. Er lädt zum Baden ein, die große Wiese davor zum Sonnenliegen. Hier befindet sich auch der kleine Campingplatz, der zum Mohrenhof gehört. Eine Landwirtschaft wie im Bilderbuch. In den Ställen stehen Kühe, Schweine und Pferde. Hühner, Kaninchen und Katzen gehören auch dazu. So gibt es im Hofladen Milch, Eier, Wurst und Fleisch aus eigener Produktion. Kinder dürfen die Eier sogar selbst aus dem Stall holen, beim Melken zuschauen oder auch beim Ausmisten helfen. Animation gibt es keine, aber mit Spiel- und Bolzplatz, Ponyreiten, Leih-Kettcars, Lagerfeuerabenden sowie einer schönen Spielscheune ist die auch gar nicht vonnöten.

Lauterbach 3, 91608 Geslau OT Lauterbach, Tel. +49 98 67/978 609,
www.mohrenhof-franken.de/camping, ganzjährig
www.pincamp.de/nb3500

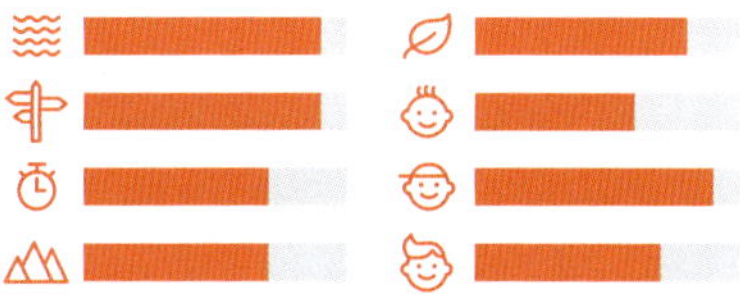

Fläche	3 ha
Standplätze Touristen	70
Dauercamper	22
Mietunterkünfte	4
Hunde	bedingt erlaubt
WLAN	ja

DIE GEGEND ERLEBEN

AN EINEM LANGEN WOCHENENDE

Wie kaum eine andere deutsche Stadt konnte sich das hoch über dem Taubertal gelegene **Rothenburg** seinen mittelalterlichen Charme bewahren. Das im 12. Jahrhundert gegründete Städtchen besitzt einen malerischen historischen Stadtkern, der unvergleichlich ist. Auf nüchterne Zweckbauten, mit denen man nach dem Zweiten Weltkrieg viele deutsche Städte verschandelt hat, wurde hier bewusst verzichtet. So liegt mit Rothenburg ob der Tauber noch heute eine Perle von Weltruf vor uns.

Die Altstadt ist von einer 3 km langen, begehbaren Stadtmauer mit zahlreichen Wachtürmen umzogen. Innen zeigt sich ein einladendes, von Gotik und Renaissance geprägtes Bild voller verwinkelter Gassen und idyllischer Plätze.

Zu den Wahrzeichen Rothenburgs zählt das Plönlein. Der Ausdruck heißt so viel wie »kleiner Platz am Brunnen«. Neben dem Brunnen vor Fachwerkhäusern wie aus einer Märchenwelt prägen das beliebte Fotomotiv zwei Türme der alten Stadtmauer. Hier, wie auch anderswo, fühlt man sich dem Mittelalter ganz nah.

Imposant ist auch das am Marktplatz gelegene Rathaus. Vor ihm sollte man sich zur vollen Stunde versammeln, wenn die beiden Fenster der Kunstspieluhr aufgehen und der Bürgermeister ein ums andere Mal den Dreiliterhumpen Frankenwein in einem Zug leert und damit einer Legende nach die Stadt rettet. Auch wenn die Geschichte historisch nicht belegt ist, wird der »Meistertrunk« jedes Jahr zu Pfingsten groß gefeiert.

Rothenburg ob der Tauber ist kein Ort, den man so beim Vorbeifahren schnell mitnimmt. Er ist es wert, ausgiebig erkundet zu werden.

Touristeninfo: Marktplatz 2, 91541 Rothenburg (Tauber), www.rothenburg.de, www.rothenburg-tourismus.de

IN EINER WOCHE CAMPING

Der **Nachtwächter von Rothenburg** ist längst selbst zur Legende geworden. Mit seinem schwarzen Mantel und Hut, ausgestattet mit Hellebarde, Signalhorn und Lampe, ist er schon eine imposante Gestalt. Fast ein wenig bedrohlich sieht er aus. Doch der Schein trügt. Kein anderer vermittelt wie er im Rahmen einer Stadtführung Geschichten aus dem mittelalterlichen Alltag. Auf seinen unterhaltsamen Runden erfährt man etwa, warum die Bewohner der Stadt ihre Straßen einst mit den unbequemen Kopfsteinen gepflastert haben, warum die Menschen einst furchtvoll auf die Fensteröffnungen über ihnen blickten und vieles mehr.

Und damit die Führung auch so richtig unter die Haut geht und für Groß und Klein zu einem unvergesslichen Ereignis wird, startet die Führung erst um 21.30 Uhr. Denn dann,

wenn sich allmählich die Dunkelheit über die Stadt legt, beginnt mit dem Nachtwächter erst der große Spaß, der so nebenbei auch recht lehrreich ist.
Touristeninfo: Marktplatz 2, 91541 Rothenburg (Tauber), www.rothenburg.de, www.rothenburg-tourismus.de

Welches die schönste deutsche Altstadt ist, darüber scheiden sich die Geister. So wird auch von **Dinkelsbühl** immer wieder und durchaus zu Recht behauptet, es besäße die schönste Altstadt Deutschlands.
Mit seinen Giebeln und Winkeln ist Dinkelsbühl nicht nur der Inbegriff deutscher Romantik, sondern auch der angehaltenen Zeit. Alle Ladenschilder sind in altdeutscher Frakturschrift gesetzt. Das Städtchen ist ein Gesamtkunstwerk, in das man sich sofort verliebt, besonders, wenn man durch die schmalen Gässchen flaniert. Entlang der gut erhaltenen Stadtmauer zieht sich ein 3 km langer Grünstreifen. Er lädt ein, die historische Altstadt zu Fuß oder auf dem Rad zu umrunden und sich auf die Suche nach zahlreichen Fotomotiven zu begeben.
Touristeninfo: Altrathausplatz 14, 91550 Dinkelsbühl, www.dinkelsbuehl.de, www.tourismus-dinkelsbuehl.de

1974 kam die erste Playmobilfigur auf den Markt. Längst genießt Playmobil weltweite Bekanntheit und ist nicht mehr aus den Kinderzimmern wegzudenken. 1991 wurde in Zirndorf bei Nürnberg der erste **Playmobil FunPark** eröffnet. Seit damals entwickelte er sich zu einem der beliebtesten Freizeitparks Deutschlands. Anders als andere Parks ver-

Rothenburg ob der Tauber verkörpert wie kaum ein anderer Ort in Deutschland das Ideal einer mittelalterlichen Stadt. Kein Wunder, dass es Menschen aus aller Welt in Scharen anlockt.

zichtet man komplett auf Fahrgeschäfte, Achterbahnen, Karussells und Shows. So möchte man erreichen, dass Kinder nicht einfach nur berieselt werden. Hier können, ja sollen sie selbst aktiv werden. Klettern, hüpfen, kriechen, verstecken, planschen, einfach nur spielen und mehr stehen hier auf dem Programm.
Der Park ist in mehrere Themenbereiche gegliedert, die an die Playmobil-Welten angelehnt sind. Auf 90 000 m² gibt es hier unter anderem eine richtige Ritterburg mit Geheimgängen, eine Westernstadt, ein Piratenschiff und eine Dinosaurier-Welt.
Brandstätterstraße 2–10, 90513 Zirndorf, voller Betrieb Mai–Anf. Sept., verkürzte Öffnungszeit Anf. Sept.–Anf. Okt. und Ende März–April, Ende Nov.–Feb. nur Innenbereich geöffnet, restliche Zeit: nur Shop geöffnet, www.playmobil-funpark.de

Ansbach blickt auf eine mehr als 1250-jährige Geschichte zurück. Die ehemalige Residenzstadt der hohenzollerschen Markgrafen von Brandenburg-Ansbach gilt als Musterbeispiel des fränkischen Rokoko. Das malerische Zentrum ist voller Prunkbauten von Rang, wie die Markgräfliche Residenz mit ihren 27 Prunkräumen und dem doppelgeschossigen Festsaal. In der Residenz und ihrem Hofgarten kann man in formvollendetem barocken Lebensgefühl schwelgen. Architektur, Fassaden, Inneneinrichtungen, Parkanlagen: Alles ist stilecht und vom Feinsten. Am Lebendigsten werden die barocken Zeiten bei Führungen. Auch spezielle Kinderrundgänge werden angeboten. Zu den weiteren historischen Sehenswürdigkeiten zählen das Herrieder Tor, der Karlsplatz sowie die zahlreichen Kirchen.
Touristeninfo: Johann-Sebastian-Bach-Platz 1, 91522 Ansbach, www.ansbach.de

BEI EINEM AUSGEDEHNTEN CAMPINGURLAUB

Nicht überall in Dinkelsbühl herrscht Mittelalter. Im Inneren der neben dem Nordturm gelegenen Stadtmühle ist das **»Museum 3. Dimension«** untergebracht, das Kinder und Erwachsene gleichermaßen fesselt. Die überraschenden Effekte bringen alle zum Staunen. Die sichtbar gemachte Tiefenwirkung begeistert einfach, vor allem, weil thematisch für jeden etwas dabei ist. Der Bogen spannt sich von klassischen 3D-Techniken, die in der Werbung der 1970er-Jahre verwendet wurden, über Aktfotos bis hin zu archäologischen Grabungen und Wetterphänomenen.
3D-Museum: Nördlinger Straße 62, 91550 Dinkelsbühl, Sept.–März Sa–So, April–Aug. tgl., www.3d-museum.de

Als ob man auf der Wasseroberfläche schwebt, so fühlt es sich an im Salzsee in der **Franken-Therme**. 26,9 % Salzgehalt hat die natürliche Sole. Die Wassertemperatur beträgt zwischen 26 und 30 Grad. Das einmalige Erlebnis wird durch die große Glaskuppe unterstrichen, in der sich der Salzsee inmitten von Kakteen befindet. Weiter warten mehrere Thermal-Sole-Becken im Innen- und Außenbereich mit Temperaturen zwischen 32 und 36 Grad auf den Besucher. Darüber hinaus sorgen Dampfbäder und diverse Wellness-Angebote für Entspannung. Ein ungewöhnliches Erlebnis ist auch die Mitternachtssauna jeden ersten Freitag im Monat. Kinder haben in der Frankentherme erst ab dem vollendeten 6. Lebensjahr Zutritt.
Erkenbrechtallee 10, 91438 Bad Windsheim, www.franken-therme.net

Die etwas technischere Bezeichnung lautet Wellheimer Trockental, heute stellt sich die Gegend aber als Urdonautal vor. Vor Millionen Jahren floss hier die Donau. In der Riss-Eiszeit gerieten die Wasserläufe ordentlich durcheinander, sodass das Tal zwischen Dollnstein und Rennertshofen fast gänzlich austrocknete. An den Flanken des Tals ragen steile Felsen aus den mageren Rasenflächen, was viele Kletterer hierher zieht. Im Sommer 2014 wurde der **Urdonautalsteig** eröffnet, ein 60 km langes Wanderwegenetz. Wer ihn einmal testen möchte, kann südlich von Dollstein parken und geradewegs nach Osten gehen, wo man gleich auf die charakteristische Wanderbeschilderung stößt. In Richtung Norden gelangt man bald zu Wacholderheiden mit markanten Felsnasen.
Parkplatz südlich von 91795 Dollnstein, www.urdonautalsteig.de

Immer der Sonne nach! Auch bei bedecktem Wetter lohnt sich der 2 km lange **Sonnenuhrenweg** in Röttingen. 25 einzigartige Modelle des historischen Zeitmessers hat ein Mergentheimer Schlossermeister hier erbaut. Wer den Weg begehen möchte, sollte sich im wahrsten Sinne des Wortes Zeit nehmen, um es nicht bei einem kurzen Blick auf die Uhr zu belassen. Abgesehen davon bietet die Wanderung eine sehr gute Gelegenheit, die kleine Stadt mit ihren historischen Bauwerken und ihrer fast vollständig erhaltenen Stadtmauer kennenzulernen.
Start: Rathaus am Marktplatz, 97285 Röttingen, ganzjährig, www.roettingen.de

Ritterburg, Bauernhof oder Westernstadt – das sind nur einige Beispiele für die zahlreichen Themengebiete im Playmobil FunPark. In dieser abwechslungsreichen Kinderwelt findet jeder das Richtige.

CAMPING MONTE KAOLINO 13

Von der Ferne betrachtet, lässt einen der weiße Berg vor den Toren der oberpfälzischen Stadt Hirschau schon verwundern. Kann das wirklich Schnee sein? Es ist auch keine Fata Morgana, die einem hier eine Wüstendüne vorgaukelt? Tatsächlich besteht der 150 m hohe Kegel aus etwa 32 Millionen Tonnen feinem Quarzsand und war einst nur Abraum der lokalen Kaolin-Produktion. Die einstige Schutthalde hat sich aber längst zu einem weltweit einzigartigen, ganzjährigen »Wintersportparadies« entwickelt. Skifahren, Snowboarden und Rodeln im Sommer? Kein Problem! Kann man hier alles. Skier und Co. kann man beim Skiclub vor Ort (www.sc-montekaolino.com/sandskifahren) ausborgen.
Der Campingplatz am Fuß des Sandbergs wartet zudem mit einem schönen Dünenfreibad auf – natürlich mit mehreren Becken, Sprungturm und großer Wasserrutsche, womit es von der Piste direkt ins erfrischende Nass geht. Für Kinder gibt es zudem einen Erlebnisspielplatz. Der benachbarte Freizeitpark bietet unter anderem einen Klettergarten.

Wolfgang-Droßbach-Straße 114, 92242 Hirschau, Tel. +49 96 22/815 02,
www.montekaolino-hirschau.de/campingplatz, ganzjährig
www.pincamp.de/nb5450

Fläche	3,5 ha
Standplätze Touristen	200
Dauercamper	123
Mietunterkünfte	6
Hunde	erlaubt
WLAN	ja

Das Freizeitareal rund um den Monte Kaolino bietet umfassende Freizeit- und Sportangebote. Wo kann man schon im Sommer Wintersport betreiben. Für Teens und schon etwas größere Junioren ergeben sich hier fast unerschöpfliche Möglichkeiten. Für die ganz Kleinen gibt es ein Planschbecken und Kinderanimation.

CAMPING WEICHSELBRUNN 14

Im Vergleich zu anderen Regionen Deutschlands ist die Oberpfalz ein ruhiges Land geblieben. Einst galt sie als rückständig, als vergessen. Heute ist sie eine reizvolle Region mit hohem Lebenswert, auch weil sich gerade hier die Urtümlichkeit, das kleindörfliche Wesen erhalten hat. Rückständig ist die Oberpfalz längst nicht mehr, eher unbekannt ist sie aber geblieben. Somit ist sie auch ein Geheimtipp für alle, die nach Idylle und Natur dürstet.
In der Stille liegt die Kraft. Dies trifft auf den kleinen, überschaubaren Campingplatz am Ufer des Hammerweihers voll und ganz zu. An schönen Tagen spiegeln sich die ufernahen Bäume und die am Himmel ziehenden Wolken im stillen Wasser. Toll ist die Badestelle unterhalb des Platzes. Hier kann man schon im Mai gut schwimmen gehen. Die Zeltplätze liegen großteils in der prallen Sonne, was etwas ungünstig für den Mittagsschlaf kleiner Kinder sein mag. Auch ist der Weg zu den Sanitäreinrichtungen weit. In einem kleinen Kiosk bekommt man das Nötigste, gute Semmeln inklusive.

Ludwigsheide 50, 92439 Bodenwöhr, Tel. +49 94 34/900 70,
www.campingweichselbrunn.de, Anf. April–Frühherbst
www.pincamp.de/nb8960

Fläche	2 ha
Standplätze Touristen	80
Dauercamper	50
Mietunterkünfte	2
Hunde	erlaubt
WLAN	ja

DIE GEGEND ERLEBEN

AN EINEM LANGEN WOCHENENDE

Es ist schon ein besonderer Flecken Erde. Hier, wo vier Natur-Großräume – die Fränkische Jura, der Bayerische Wald, die Donau-Ebene und das niederbayerische Tertiär-Hügelland – zusammentreffen, haben sich schon sehr früh Menschen niedergelassen. Die Römer waren hier und vor ihnen die Kelten. 770 wurde **Regensburg**, das am nördlichsten Punkt der Donau liegt, erstmals urkundlich erwähnt. Es ist damit eine der ältesten Städte Deutschlands. Berühmt ist der Ort wegen seiner einzigartigen Altstadt. Den historischen Kern bilden 984 denkmalgeschützte Bauwerke, die auch UNESCO-Kulturerbe sind. Sie bilden die größte mittelalterliche Stadtanlage nördlich der Alpen. Zu den bedeutendsten Bauwerken zählen neben dem Dom und der Steinernen Brücke der Salzstadel mit Stadttor, der Arnulfs- und Haidplatz sowie das Alte Rathaus. *Touristeninfo: Rathausplatz 4, 93047 Regensburg, www.tourismus.regensburg.de*

IN EINER WOCHE CAMPING

Schlauen Brauern aus dem 16. Jahrhundert und frechen Dieben ist es zu verdanken, dass Schwandorf in der Oberpfalz Besucher heute mit einer besonders spannenden Geschichte locken kann. In den sogenannten **Felsenkellern** der Stadt erstreckt sich ein über einen Kilometer langes Netz an Tunneln und Gewölben. Ihre Entstehung geht auf die Zeit um das Jahr 1500 zurück, als das Bierbrauen allmählich von der warmen auf die kalte Gärung umgestellt wurde. Allerdings erforderte diese tiefe Temperaturen von höchstens 10 Grad. Die gleichbleibend geringe Temperatur unter der Erde bot hierfür ideale Bedingungen. Vor gut 80 Jahren trieben dann drei geschickte Langfinger ihr Unwesen im Untergrund Schwandorfs. Um ihr Diebesgut besser aus den dunklen Kellern zu schmuggeln, vernetzten sie die Räume, sodass heute ein wahres Labyrinth für ein einzigartiges Erlebnis sorgt. Die Felsenkeller können nur im Rahmen einer Führung besichtigt werden. *Touristeninfo: Kirchengasse 1, 92421 Schwandorf, www.felsenkeller-labyrinth.de*

Was die Mitglieder des Fördervereins des **Rundfunkmuseums Cham** zusammengetragen haben, darf man mit aller Bescheidenheit als einmalig bezeichnen. Die Sammlung an Radiogeräten und Fernsehern von den ersten Anfängen bis in die Gegenwart, sowie alte Musikautomaten, Videokameras, Studioausstattung, Tonbandgeräte und vieles mehr ist gewaltig. Da gibt es so vieles zu entdecken, dass man die ganze Vielfalt bei einem Besuch gar nicht erfasst. Zudem sind die Ausstellungsstücke durchweg so präsentiert, dass man sie auch wirklich gut betrachten kann. Natürlich erhält man auch reichliche Hintergrundinformationen. Die aktuellen

Im Rahmen von Führungen kann man die abwechslungsreiche Geschichte der Schwandorfer Felsenkeller erfahren. Das Labyrinth aus 60 Räumen diente als Bierlager, Luftschutzkeller und Versteck für Diebesgut.

Öffnungszeiten und Möglichkeiten, an Führungen teilzunehmen, sind in der Homepage des Rundfunkmuseums nachzulesen.
Sudetenstraße 2a, 93413 Cham, www.chamer-rundfunkmuseum.de

BEI EINEM AUSGEDEHNTEN CAMPINGURLAUB

Jedes Kind lernt hierzulande, dass es, wenn es im heimatlichen Sandkasten lang genug gräbt, in der Gegend von Australien wieder an die Oberfläche gelangt. In Windischeschenbach wurde im Rahmen einer wissenschaftlichen Studie 9100 m tief in die Erdkruste eingedrungen. Doch von Kängurus keine Spur. Was tatsächlich ans Tageslicht gelangte, erfahren Besucher im **Geozentrum**.
Am Bohrturm 2, 92670 Windischeschenbach, www.geozentrum-ktb.de

Hoch über der Donau weit ins Land schauend erhebt sich ein Gebäude, das an die Akropolis in Athen erinnert. Der klassizistische Bau in Gestalt eines von Säulen umgebenen Tempels entstand im Auftrag des bayerischen Königs Ludwig I. Die **Walhalla** ist eines der bedeutendsten deutschen Nationaldenkmäler des 19. Jahrhunderts. Sie ist als Gedächtnisort für verdiente deutschsprachige Männer und Frauen gedacht, denen mit Büsten, 131 an der Zahl, gewürdigt wird.
Walhallastraße 48, 93093 Donaustauf, www.schloesser.bayern.de/deutsch/schloss/objekte/walhalla.htm

Albrecht Dürer, Kopernikus, Ludwig van Beethoven, Sophie Scholl... In der Walhalla, dem Ruhmestempel der Deutschen, erinnern Büsten an verdienstvolle Männer und Frauen aus allen Jahrhunderten.

KNAUS CAMPINGPARK LACKENHÄUSER 15

Dort, wo sich der Bayerische und der Böhmerwald im Dreiländereck von Deutschland, Österreich und Tschechien treffen, herrscht noch Natur pur. Die idyllische Mittelgebirgslandschaft lädt während des Sommerhalbjahres zum Wandern, Walken und Radfahren ein. In der kalten Jahreszeit lockt der Wintersport, wie Langlaufen.
Der Campingplatz liegt in 850 m Höhe unmittelbar an der Grenze zu Österreich an einem sonnigen Südhang umgeben von Natur. Für alle Aktivitäten liegt der Platz günstig, hält Leih-Ausrüstung bereit und liefert Anleitungen mit. Sogar eine platzeigene Skischule und einen Kinderskilift gibt es. Vor Ort stehen außerdem ein Hallenbad, ein kleines Kinderfreibad, diverse Sport- und Unterhaltungsmöglichkeiten zur Verfügung, außerdem zwei schöne Spielplätze und ein Kleintiergehege. In der Hauptsaison gibt es ein Freizeitprogramm mit spannenden Familienaktivitäten, wie dem gemeinsamen Holzhüttenbau im Wald.

Lackenhäuser 127, 94089 Neureichenau, Tel. +49 85 83/311,
www.knauscamp.de/lackenhaeuser, ganzjährig
www.pincamp.de/nb9550

Fläche	15 ha
Standplätze Touristen	205
Dauercamper	100
Mietunterkünfte	63
Hunde	erlaubt
WLAN	ja

ADVENTURE CAMP SCHNITZMÜHLE 16

Der nördliche Bayerische Wald ist geprägt durch seine Mittelgebirgslandschaft mit seinen bis zu 1455 m hohen Gipfeln. Schroffe, wilde Felsformationen sind hier eher die Ausnahmen. Stattdessen dominieren sanfte Formen in der Landschaft. Still und ruhig ist es hier in diesem naturbelassenen Kulturland.
Das Adventure Camp Schnitzmühle liegt unmittelbar am Ufer des Schwarzen Regen, einem beschaulichen Flüsschen, das sich durch die Region schlängelt. Dazu passt das rustikale Ambiente der Outdoor-Ranch mit ihren naturbelassenen Stellplätzen ausgezeichnet. Bäume lockern das Gelände auf und spenden an heißen Sommertagen Schatten.
Für Kinder gibt es zwar einen Spielplatz und ein Animationsprogramm, aber die Kleinen dürften viel mehr Interesse am Ponyreiten haben, das hier ebenfalls angeboten wird. Auch Größere können Reitkurse besuchen, sich im Bogenschießen üben oder sich einfach nur mit dem Kanu auf dem Schwarzen Regen treiben lassen. Hierher kann man sogar sein eigenes Pferd mitnehmen. Denn eine Pferdepension bietet der Platz auch.

Schnitzmühle 1, 94234 Viechtach, Tel. +49 99 42/ 94 81-0, www.schnitzmuehle.de, ganzjährig
www.pincamp.de/nb9370

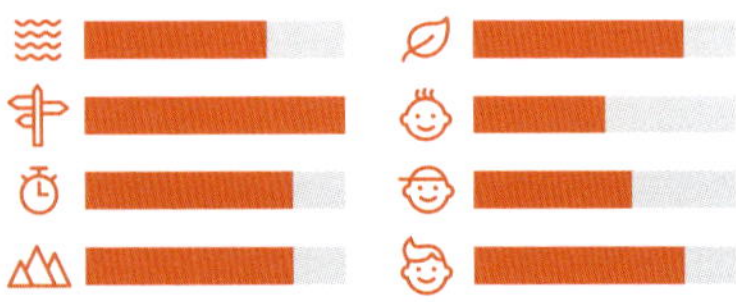

Fläche	2 ha
Standplätze Touristen	100
Dauercamper	20
Mietunterkünfte	38
Hunde	erlaubt
WLAN	an der Rezeption und im Restaurant

Zum Campingplatz gehört auch ein künstlich angelegter, natürlich belassener Badeteich. Er bietet zwei Stege und eine kleine Badeinsel. Umliegende Bäume spenden Schatten und sorgen für wildromantisches Flair. Der Badeteich ist über einen kurzen Spazierweg erreichbar. Er liegt an der gegenüberliegenden Seite des Bahndamms.

CAMPING AQUA HEMA 17

Hier wacht der Hohe Bogen über das umliegende Hügelland und auch über den Fluss Regen, der sich unten im Tal allmählich gen Cham zuwendet. Der Regen ist eine der schönsten Bootwanderstrecken Deutschlands. Da sich das noch nicht groß rumgesprochen hat, kann er getrost als Geheimtipp betrachtet werden. Was auch mit sich bringt, dass man hier noch ungestörtes Kanufahren mit viel Ruhe und Erholung genießen kann.
Am Rande des kleinen Dörfchens Kreuzbach liegt der nur 1,6 ha große Campingplatz unmittelbar am Ufer des Regen. Genauer gesagt an einer kleinen Bucht. Ideal für Kanufahrer, um von hier aufzubrechen und den Fluss zu erkunden. Der Campingplatz hat sich auf Kanufahrer spezialisiert. So gibt es hier einen großen Kanuverleih, und es werden auch organisierte Kanutouren angeboten. Eine besondere Dienstleistung ist der Rückholservice für Kanus. So bleibt maximale Zeit für die gewählte Tour.

Oberes Dorf 7, 93476 Kreuzbach, Tel. +49 99 41/70 30,
www.aquahema.de, Mai–Anf. Okt.
www.pincamp.de/nb9260

Fläche	1,6 ha
Standplätze Touristen	40
Dauercamper	25
Mietunterkünfte	18
Hunde	erlaubt
WLAN	ja

DIE GEGEND ERLEBEN

AN EINEM LANGEN WOCHENENDE

Der **Nationalpark Bayerischer Wald** präsentiert sich bei Neuschönau aus allen Perspektiven äußerst spektakulär und nicht zuletzt auf höchstem Niveau. Das Besucherzentrum im Hans-Eisenmann-Haus liefert spannendes, unterhaltsam aufbereitetes Hintergrundwissen, wobei auch besonders auf Kinder geachtet wurde. Kleineren Tieren des Waldes begegnet man hier schon in Terrarien und Aquarien. Die größeren Arten der hiesigen Tierwelt kann man im Tierfreigelände treffen. Höhepunkt ist sicherlich das Baum-Ei. Es ist eine Aussichtsplattform, auf die es, ähnlich wie bei der Kuppel des Berliner Reichstags, in einer Spirale bis ganz nach oben geht. In 44 m Höhe eröffnet sich ein einzigartiger Ausblick über die bayerisch-böhmische Waldlandschaft. Zugleich gelangt man von hier auf den längsten Baumwipfelpfad der Welt. Auf 1,3 km spaziert man in 8 bis 25 m Höhe über dem Waldboden. Dabei taucht man mitten in die unberührte Natur ein und genießt einzigartige Einsichten in die Lebenswelt zwischen den Wipfeln. Alle Einrichtungen sind behindertengerecht und auch mit Kinderwagen begehbar. Gut gemachte Lehrtafeln und Erlebnisstationen steuern unterwegs Wissenswertes bei.
Besucherzentrum Hans-Eisenmann-Haus, Parkplatz: Böhmstraße 39, 94556 Neuschönau, Ende Dez.–Anf. Nov. tgl. geöffnet, www.nationalpark-bayerischer-wald.de

IN EINER WOCHE CAMPING

»Entdecke Bayrisch Kanada!« – das ist das Motto der **Waldbahn**, die auf vier Linien die wildromantische Landschaft des Bayerischen Walds erschließt. Mit ihr kann man runter bis zur Donau nach Deggendorf fahren oder bis zur tschechischen Grenze nach Bayerisch Eisenstein, von wo man weiter nach Pilsen reisen kann. Daneben kann man mit der Bahn Zwiesel und Grafenau ansteuern. Einfach einsteigen und die traumhaften unberührten

Die unberührte Natur des Nationalparks Bayerischer Wald ist auch Heimat des Luchses.

Landschaften an sich vorbeiziehen lassen. Gerade zwischen Viechtach und Taisnach zeigt sich das Regental von seiner schönsten Seite. Die Strecke folgt dem Flussverlauf und führt über weite Teile durch Waldlandschaften. Bis auf die Linie WBA 3 zwischen Zwiesel und Grafenau (Zweistundentakt) verkehren alle Züge im Stundentakt, womit nichts dagegen spricht, den Bayerischen Wald ohne eigenes Auto zu erkunden. Abgesehen davon bereitet Bahnfahren im Kreise der Familie ohnehin viel mehr Spaß.
Adresse Kundencenter: Bahnhofsplatz 3, 94227 Zwiesel, www.laenderbahn.com/waldbahn

Gar nicht weit vom Waldkirchener Zentrum kann man – in wunderschönem alten Bestand – die Bäume hochgehen. Sechs Parcours im **Kletterwald**, die sich in Höhe und Schwierigkeitsgraden unterscheiden, bieten Möglichkeiten für alle Altersgruppen und Temperamente. Die beiden leichtesten Parcours erfordern eine Mindestgröße von 1,1 m. Bei ihnen geht es bis 4 m hoch. Für die beiden mittleren Routen muss man zumindest 1,4 m groß sein. Sie führen in eine Höhe von 5 bzw. 9 m. Die beiden anspruchvollsten Touren sind ab 1,5 m Größe zugänglich. Von ihnen führt die schwarze Route in bis zu 15 m Höhe. Jeder Teilnehmer erhält zunächst eine Sicherheitseinweisung und klettert eine erste Runde unter Anleitung, bevor er auf eigene Faust loslegen darf. Festes Schuhwerk ist Voraussetzung, Helm und Sicherheitsausrüstung werden gestellt.
Jandelsbrunner Straße 36, 94065 Waldkirchen, April–Juni und Mitte Sept.–Okt. Fr–So, Juli–Mitte Sept. tgl., www.kletterwald-waldkirchen.de

Gut gesichert begeben sich Besucher des Kletterwalds Waldkirchen in höchste Baumwipfelhöhen. Die unterschiedlichen Schwierigkeitsgrade bieten für jeden Abenteurer den richtigen Parcour.

Das **Dreiländereck**, an dem Deutschland, Österreich und Tschechien zusammentreffen, gehört zu jenen Orten, die man einfach besucht haben muss. Nicht nur, weil es in einer landschaftlich reizvollen Region liegt, sondern vor allem auch, weil es seit dem Fall des Eisernen Vorhangs jetzt möglich ist, sich hier frei zu bewegen. Viele werden sich noch genau erinnern können, wie es früher war. Da war entlang der Grenze zu Tschechien die Welt für uns zu Ende. Ein bedrückendes, beklemmendes Gefühl. Umso mehr sollte man heute diesen Punkt als Ort der Freiheit, auch der Wiedervereinigung empfinden. Heute ist es wieder möglich, mit Menschen aller drei Länder zusammenzukommen und sei es, um einfach nur »Hallo« zu sagen.
Das Dreiländereck befindet sich auf 1330 m Höhe und liegt sowohl im Nationalpark Bayerischer Wald als auch im Nationalpark Šumava. Zu erreichen ist das Dreiländereck über mehrere Wanderwege, die ihren jeweiligen Ausgang in allen drei Ländern haben. Empfehlenswert ist der Grenzweg zwischen Deutschland und Tschechien. Zurück kann man den Adalbert-Stifter-Weg nehmen und dabei auch das sogenannte Steinerne Meer durchqueren. Für die Wanderung sollte man rund 3 Stunden veranschlagen.
Parkplatz Ausgangspunkt Grenzweg: Dreisesselhaus 1, 94089 Neureichenau, www.dreilaendereck-bayerischer-wald.com

Der Wilde Westen liegt am südlichen Rand des Bayerischen Waldes zwischen Deggendorf und Passau. In der lebendigen Westernstadt **Pullman City** begibt man sich auf eine Zeitreise in das gar nicht so friedliche Amerika des 19. Jahrhunderts. Abenteuer und amerikanische Geschichte liegen hier eng nebeneinander. Cowboys und Indianer kann man hier ebenso hautnah erleben wie eine Fahrt in der Postkutsche und Lagerfeuerromantik. Ein reichhaltiges Showprogramm sorgt für Kurzweil, Spannung und lustige Momente. Etwa in der American History Show mit Rindertrieb, frei laufenden Bisons und reichlich Action für Groß und Klein. In der Wild-West-Show warten spektakuläre Stunts, Pfeil- und Bogenschießen, Revolverjonglage und vieles mehr. Über das Jahr verteilt finden auch zahlreiche hochkarätige Events in der Westernstadt statt.
Zum Austoben gibt es zudem einen Abenteuerspielplatz im Wild-West-Style mit Rutschen, Stangen, einer Kletterwand und mehr sowie einen Niedrigseilgarten, den El-Dorado-Wasserspielplatz mit seichten Teichen und einer Wasserrutsche, ein Tiergehege und nicht zuletzt eine Westerneisenbahn.
Ruberting 30, 94535 Eging am See, Juni–Aug. tgl. geöffnet, Jan.–Ende März geschlossen, restliche Zeit an Wochenenden geöffnet, Details siehe Homepage, www.pullmancity.de

Mit exakt 1455,5 m ist der **Große Arber** der höchste Berg des Bayerischen Waldes und des Böhmerwaldes. Natürlich kann man den König des Bayerischen Waldes auf klassische, schweißtreibende Art besteigen und sich letztlich über den Gipfelsieg freuen. Alleine die grandiose Fernsicht entschädigt für die Anstrengung.
Ungleich angenehmer und schneller lässt sich der majestätische Berg aber per Gondelbahn bezwingen. Bei klarem Wetter kann man sogar die Alpen erkennen. Zudem bietet der Große Arber einen weiten Rundumblick auf den Bayerischen Wald und das angrenzende Böhmen. Die tschechische Grenze verläuft schließlich in unmittelbarer Nähe des Berges.

Im Sommer lädt die Gegend um den Berg zum Wandern ein. Während des Winters kann man auf ihm skifahren und rodeln. Egal zu welcher Jahreszeit, der Große Arber ist immer einen Besuch wert und hat stets für die ganze Familie einiges zu bieten.
Talstation Großer Arber, 94252 Bayerisch Eisenstein, www.arber.de

Im niederbayerischen Ringelai darf man in die geheimnisvolle Welt der Kelten eintauchen – ein spannendes Erlebnis für die ganze Familie. Das **Keltendorf Gabreta** verdankt seinen Namen der antiken Bezeichnung für das heute bayerisch-böhmische Waldgebirge. Das Dorf ist ein archäologischer Erlebnispark, der mehr als bloßen Anschauungsunterricht zu bieten hat. Insgesamt sechs frühgeschichtliche Bauten, Rekonstruktionen aus dem 12. bis 2. Jahrhundert v. Chr., stellen das Leben der alten Kelten sowohl plastisch als auch praktisch vor. Im Keltendorf ist nichts hinter Glas versteckt, sondern alles ist zum Anfassen und Ausprobieren. Besucher können dabei aktiv mitarbeiten und beim Töpfern, Weben, Filzen, Schmieden oder Brotbacken helfen. Sogar im Bogenschießen kann man sich messen, um auf der Jagd erfolgreich zu sein. Auf Weiden, Wiesen und Äckern wird die ehemalige keltische Landwirtschaft gezeigt. Auch hier dürfen Besucher aktiv werden und bei Aussaat und Ernte mitwirken. Schließlich wird das Keltendorf ganzjährig von Skudden-Schafen, Ponys und Zwergziegen bewohnt. Regelmäßig finden zudem Veranstaltungen statt, bei denen Keltengruppen aus ganz Europa die keltischen Traditionen wieder aufleben lassen.
Lichtenau 1a, 94160 Ringelai, Mitte April–Anf. Nov. Di–So, restl. Nov. Sa–So, www.keltendorf.com

BEI EINEM AUSGEDEHNTEN CAMPINGURLAUB

Die längste **Sommerrodelbahn** im Bayerischen Wald befindet sich in Grafenau und bietet 1250 m Rodelspaß mit vier waghalsigen Kreiseln. Am Fuß der Bahn wartet dann noch ein Funpark mit Trampolin, Hüpfburg Luna-Loop und mehr. Die Rodelhüttn lädt zum gemütlichen Einkehren ein.
Spitalstraße 44, 94481 Grafenau, ca. April–Okt., weitere Details siehe Homepage, www.sommerrodelbahn-grafenau.de

Hoch über dem niederbayerischen Luftkurort Regen ragt auf einem mächtigen weißen Quarzfelsen die **Burgruine Weißenstein** auf. Schon von Weitem sind ihre Mauern zu sehen. Die Burganlage wurde um 1100 errichtet und diente einst als Ministerialsitz. Nachdem sie über viele Jahre hinweg sämtlichen Angriffen widerstand, wurde sie 1742 weitgehend zerstört. Heute ragt nur noch ihr mächtiger Burgturm in den blauen Himmel. Von seiner Spitze genießt man einen atemberaubenden Blick über die umliegenden Berge und Täler des Bayerischen Waldes.
Unmittelbar neben der Ruine liegt das Fressende Haus. Es hatte seinen Spitznamen vom Dichter Siegfried von Vegesack erhalten. Dieser kaufte 1918 das desolate Anwesen und steckte viel Geld in seine Restaurierung – wohl viel mehr als vorgesehen. Im Gebäude kann man unter anderem die weltgrößte Sammlung an Schnupftabakdosen bestaunen. Unmittelbar vor dem ehemaligen Getreidespeicher befindet sich der Gläserne Wald. In ihm sind die Bäume aus farbigem Flachglas gefertigt.

Weißenstein 18, 94209 Regen (Tourist Information Regen), Ruine: April–Okt. Di–So an Regentagen geschlossen, Gläserner Wald: ganzjährig geöffnet, www.bayerischer-wald.de/Media/Attraktionen/Burgruine-Weissenstein

Das **Freilichtmuseum Finsterau** versteckt sich hinter den Bergen und Wäldern des Nationalparks Bayerischer Wald auf einer Seehöhe von 935 m nahe der tschechischen Grenze. Damit befindet es sich in einem Landstrich, der für sich schon einen Ausflug wert ist.
Im Freilichtmuseum stehen Bauernhöfe und Häuser aus dem Bayerischen Wald, die detailgetreu wieder aufgebaut wurden. Sie sind komplett eingerichtet und vermitteln, wie es früher war. Dabei ist diese Vergangenheit mitunter noch gar nicht so weit entfernt und liegt vielleicht nur an die 60 Jahre zurück. Auch wenn man in den historischen Gebäuden vielleicht sogar einiges Vertrautes entdeckt, so zeigen sie uns doch, wie sehr und wie schnell sich unsere Welt verändert hat. Unter freiem Himmel entfaltet sich ein begehbares Stück Vergangenheit. Verschiedene Programmpunkte und Ausstellungen runden die Zeitreise perfekt ab.
Museumsstraße 51, 94151 Finsterau, ganzjährig geöffnet, www.freilichtmuseum.de

Im Keltendorf Gabreta in Ringelai ist alles zum Anfassen. Hier im archäologischen Erlebnispark können Kinder beispielsweise ausprobieren, wie beschwerlich die Arbeit mit Holzpflügen in vorchristlicher Zeit war.

KAISER CAMPING 18

Der Chiemgau kennzeichnet eine der schönsten Landschaften Bayerns. Rund um den Chiemsee noch flach, steigt es gen Süden allmählich an und mündet in den Chiemgauer Alpen und beinhaltet somit alles, was man weithin unter Bayern versteht – wildromantische Natur und die urigen »Eingeborenen« inklusive.
Hier, wo der Chiemgau, das Rosenheimer Land und das Kaisergebirge ineinanderfließen, ist man der urigen alpinen Natur ganz nah. Vom Bergpanorama im Süden grüßt der Wendelstein, untermalt vom Rauschen eines kleinen Gebirgsbachs, der sich am Platz entlang schlängelt.
Der großzügig angelegte Campingplatz auf den Voralpenwiesen bietet Campern eine komfortable und ausnehmend freundliche Rundumversorgung. Für alles ist gesorgt. Schön ist im Sommer das große beheizte Schwimmbad. Kinder jedes Alters können sich über attraktive Spielgelegenheiten freuen. Auf sie warten unter anderem ein Abenteuerspielplatz und ein großes Indoor-Freizeitcenter, einschließlich zweistöckiger Funbox für Kleinkinder.

Reithof 2, 83075 Bad Feilnbach, Tel. +49 80 66/88 44 00,
www.kaiser-camping.com, ganzjährig
www.pincamp.de/sb6750

Fläche	13 ha
Standplätze Touristen	390
Dauercamper	280
Mietunterkünfte	nein
Hunde	erlaubt
WLAN	ja

Der zum Campingplatz gehörige Ponyhof bietet Reiterlebnisse für Jung und Alt. Während der Hauptsaison erwartet die Kinder ein zusätzliches Animationsprogramm. Abgesehen davon ist der Platz ein guter Ausgangspunkt für Wanderungen und Radtouren im Kreise der ganzen Familie. Das umfangreiche Wanderstreckennetz wartet nur darauf entdeckt zu werden.

STRANDCAMPING WAGING 19

Vielleicht vermittelt der Waginger See ein wenig südländisches Flair. Zumindest was seine Wassertemperatur anbelangt. Sie kann im Sommer bis zu 27 Grad betragen, womit er der wärmste See Oberbayerns ist. Hier im Rupertiwinkel, so heißt der äußerste Südosten Bayerns, wird Tradition und Brauchtum hoch gehalten. Sie passt auch zum eindrucksvollen Gebirgspanorama, das sich hier bietet. Der Campingplatz steht für quicklebendiges Campingvergnügen. Er liegt unmittelbar am Ufer des Sees. Hier frönt man nicht nur dem Baden, Schwimmen und Wassersport. Auch weitere Sportaktivitäten, wie dem Bogenschießen, Montainbiken oder dem Fußballtraining unter Profianleitung, bieten sich an. Im Rahmen der Kinder- und Jugendanimation wird auch Lagerfeuerromantik geboten.
Aber auch oberbayerische Kultur und Kulinarik kommen hier nicht zu kurz. Im zugehörigen Strandkurhaus, wo jahrzehntelang Alfons Schuhbeck den Kochlöffel schwang, lassen sich feine bayerische Schmankerln genießen.

Am See 1, 83329 Waging am See, Tel. +49 86 81/552,
www.strandcamp.de, ganzjährig
www.pincamp.de/sb8150

Fläche	35 ha
Standplätze Touristen	680
Dauercamper	470
Mietunterkünfte	8
Hunde	willkommen
WLAN	ja, kostenpflichtig

DIE GEGEND ERLEBEN

AN EINEM LANGEN WOCHENENDE

Prien liegt malerisch am Westufer des **Chiemsees**. Im Bereich der Promenade lässt es sich nicht nur wunderbar flanieren und die herrlichen Blicke auf die Chiemseer Inseln, das Treiben auf dem See und auf das Alpenpanorama genießen. Hier bieten sich auch manche Gelegenheiten, selbst in das erfrischende Nass zu steigen. Prien ist aber auch der wichtigste Ausgangspunkt für den Besuch der Herreninsel mit Schloss Herrenchiemsee, sowie die Fraueninsel mit dem Kloster Frauenchiemsee. Alleine das Übersetzen mit den Fährschiffen ist ein sehenswertes Erlebnis. Während heißer Sommertage empfiehlt sich auch die Kühle der Pfarrkirche Mariä Himmelfahrt. In ihr kann man die virtuosen Fresken von Johann Baptist Zimmermann bewundern. Interessante Chiemgauer Lokalgeschichte bietet das Heimatmuseum mit dem berühmten Priener Hut, den Chiemgauer Trachten und der Volks- und Handwerkskunst. Prien ist dank seiner weltweiten Bekanntheit aber auch eine Touristenhochburg mit all ihren negativen Begleiterscheinungen. Durch den Ort und besonders in Ufernähe schlängeln sich Besuchermassen aus aller Herren Länder. Da bedarf es manchmal schon etwas Mühe, die Schönheit des Orts zu erkennen. Am schönsten zeigt sich Prien abseits der Hauptsaison.
Touristeninfo: Alte Rathausstraße 11, 83209 Prien am Chiemsee, www.tourismus.prien.de

Etwa 50 Häuser, vier Wirtschaften und gut 250 Einwohner auf 620 mal 300 m, das ist die **Fraueninsel**. Sie gilt als eine Art Geheimtipp neben der durch ihr Königsschloss berühmten Herreninsel. Weithin sichtbar ist der Kirchturm des Inselmünsters mit seiner barocken Zwiebelhaube. Das Münster blickt auf eine 1200-jährige Vergangenheit zurück. Noch heute sind Bau- und Kunstwerke aus der karolingischen Zeit und dem tiefen Mittelalter erhalten geblieben. In einer Viertelstunde kann man die Insel bequem zu Fuß umrunden. Dabei passiert man zahlreiche Stege, hübsch bepflanzte Gärten und im Sommer vor Blumen leuchtende Balkone. Angenehm ist auch, dass man hier ungestört spazieren gehen kann. Motorbetriebene Fahrzeuge sind hier ebenso verboten wie Fahrräder.
Info Inselführungen: www.fraueninsel-fuehrungen.de

Mit seinen 1838 m Höhe zählt der **Wendelstein** zu den markantesten Bergen nahe des Alpenrands. Von seiner Spitze genießt man einen weiten Ausblick in die bayerische Tiefebene bis weit über München hinaus. In Richtung Süden breiten sich die Alpen bis zum Alpenhauptkamm aus, inklusive dem höchsten Berg Österreichs, den 3798 m hohen Großglockner. Etwa 100 m unterhalb des Gipfels befindet sich die höchste Kirche Deutschlands, in der auch regelmäßig Messen gefeiert werden. Unmittelbar am Gipfel findet sich zudem eine 300 Jahre alte Holzkapelle. Sie teilt sich den engen Platz mit einem Sendemast sowie einem Observatorium.

Drei Wege führen auf den höchsten Gipfel des Wendelsteinmassivs. Der Wanderweg ist nur etwas für eingefleischte Bergsteiger. Weitaus spektakulärer ist aber der Aufstieg mit der Gondelbahn. Mit ihr gelangt man von Bayerischzell-Osterhofen auf der Westseite des Wendelsteins binnen 7 Minuten bis zur Bergstation in 1724 m Höhe. Mindestens genauso viel Nervenkitzel verspricht die Fahrt mit der Wendelstein-Zahnradbahn. Sie wurde 1912 eröffnet und ist die älteste Zahnradbahn Bayerns. Ihre Trasse führt ab Brannenburg-Waching entlang der Ostflanke mit einer Steigung von bis zu 23,7 Prozent und durch sieben Tunnel hoch. Entlang der Strecke bieten sich abenteuerliche Ausblicke.
Seilbahn: Osterhofen 90, 83735 Bayrischzell, Zahnradbahn: Sudelfelderstraße 106, 83098 Brannenburg, www.wendelsteinbahn.de

Einen Ausflug nach **Salzburg** sollte man nicht versäumen. Die Mozartstadt an der Salzach wurde nicht ohne Grund zum Weltkulturerbe erklärt. Einen guten Überblick gewinnt man von der Festung Hohensalzburg über der Stadt. In der Altstadt prunken der atemberaubende Dom und eine unglauliche Vielzahl barocker Kirchen um die Wette. Die pittoreske Getreidegasse ist nicht nur als historisches Handelszentrum berühmt, hier liegen sowohl Mozarts Geburtshaus als auch viele lohnenswerte Konditoreien und Cafés sowie schöne Gelegenheiten für Shopping-Begeisterte.
Am Stadtrand liegt Schloss Hellbrunn, ein Lustschloss aus dem 17. Jahrhundert mit seinen berühmten Wasserspielen. Das auch innen äußerst sehenswerte Schloss kann von April bis Oktober besichtigt werden. In un-

Unweit der berühmteren Herreninsel mit ihrem König-Ludwig-Schloss liegt das wesentlich kleinere Frauenchiemsee. Gerade weil es hier etwas beschaulicher zugeht, lohnt der Ausflug in diese Idylle.

mittelbarer Nachbarschaft befindet sich auch der Salzburger Zoo.
Touristeninfo: Mozartplatz 5, A-5020 Salzburg, www.salzburg.info

IN EINER WOCHE CAMPING

Der **Lokschuppen**, eine umgebaute Lokomotiven-Remise, ist das kulturelle Herz Rosenheims. Das hübsche halbrunde Kulturzentrum der traditionsreichen ehemaligen Salzhandelsstadt am Inn ist überregional bekannt für seine Landes- und Sonderausstellungen. Sie punkten durch ihre fundierte wissenschaftliche Basis und aufwendige, ästhetisch anspruchsvolle Gestaltung.
Und wenn man schon da ist, kann man auch auf den Spuren der TV-Serie »Die Rosenheim Cops« wandern. Der alte Bahnhof, das jetzige Rathaus der Stadt, liegt gleich dem Lokschuppen gegenüber. In der TV-Serie ist es die Polizeizentrale Rosenheims.
Rathausstraße 24, 83022 Rosenheim, wechselnde Ausstellungen, Öffnungszeiten siehe www.lokschuppen.de

Ballonfahren ist Abenteuer pur! Ganz besonders, wenn die Fahrt in einer landschaftlich reizvollen Gegend stattfindet. Die haben wir rund um den Chiemsee allemal. Neben dem See sorgen die Alpen für eine einzigartige Kulisse. Ballonfahrten finden während der Sonnenauf- und -untergangsstunden statt. Da ist der Wind am ruhigsten und die Farben und Sicht am besten. Vor dem Start heißt es mit anpacken. Die Ballonhülle will auf einer Wiese ausgerollt werden, und der Korb ist an ihr zu befestigen. Dann wird heiße Luft reingeblasen. Der Ballon richtet sich auf, und dann heißt es, ganz schnell in den Korb. Keine Glasscheibe davor, kein Dach, nur Natur pur, der Wind, der durch die Haare streicht, und Stille. Während der Ballon steigt, verschiebt sich der Horizont immer weiter weg. Der Chiemsee wird in seiner ganzen Größe sichtbar und dahinter die Alpen bis weit zum Alpenhauptkamm. Wohin die Reise führt, bestimmt der Wind. Womit jede Ballonfahrt ein einmaliges Erlebnis mit unbekanntem Ziel ist. Unter der Gondel sind Felder, Dörfer, Straßen, markante Bauwerke wie Kirchen und Schlösser zu sehen. Da merkt man gar nicht, dass man mitunter schon auf über 2000 m hoch gestiegen ist. Die Landschaft präsentiert sich in leuchtenden Farben. Richtung Norden reicht der Blick bis scheinbar unendlich weit ins Flachland. Obwohl so ein Ballon langsam fliegt, hat man Mühe, all die Schönheiten, die man von da oben entdecken kann, auch wirklich zu erfassen. Das Mindestalter für Ballonfahrten variiert je nach Anbieter. Es liegt aber bei etwa 7 Jahren. Außerdem sollen Kinder groß genug sein, um aus dem Korb blicken zu können. Eine rechtzeitige Voranmeldung bei einem der Ballonfahrtunternehmen ist vonnöten. Am besten macht man das bereits vor Urlaubsantritt.
Touristeninfo Chiemgau-Region: Haslacher Straße 30, 83278 Traunstein, www.chiemsee-chiemgau.info/tourist-informationen

Auf der **Herreninsel** im **Chiemsee** baute sich König Ludwig II. sein Versailles nachempfundenes Schloss. Unter den Prunkräumen stechen besonders das Paradeschlafzimmer und die Große Spiegelgalerie hervor. Das »Kleine Appartement« im Stil des französi-

schen Rokoko diente als private Wohnung des Königs. Schloss Herrenchiemsee ist von einem weitläufigen Park mit Wasserspielen und antiken Brunnenfiguren umgeben. Leicht erreicht man die Insel mit dem Linienschiff. Vom Anlegesteg läuft man ca. 15 Min. bis zum Schloss.
Neben dem Neuen Schloss sollte man auch dem Alten Schloss, dem heutigen Augustiner-Chorherrenstift, einen Besuch abstatten. Der Komplex wurde im Stile des Barock errichtet. Er beherbergt ein modernes Museum, das durch 1200 Jahre bayerischer Geschichte führt. Sehenswerte Gemälde kann man zudem in der ebenfalls im Alten Schloss untergebrachten Galerie »Maler am Chiemsee« bewundern.
83209 Herrenchiemsee, www.herrenchiemsee.de

BEI EINEM AUSGEDEHNTEN CAMPINGURLAUB

Zwischen Brannenburg und dem österreichischen Kirchbichl liegen vier geheimnisvolle **Höhlen** über dem Inntal. Mauerreste im sogenannten Grafenloch bei Oberaudorf zeugen von einer bedeutenden ritterlichen Höhlenburg. Von Oberaudorf führt ein kleiner Pfad, vorbei am Luegsteinsee, in etwa einer Stunde hinauf zur Höhle. Die beeindruckende Lage in der steilen Wand begeistert jeden Besucher. Mit drei weiteren Höhlen, zwei davon auf österreichischem Gebiet, zählt das Grafenloch zu den Inntaler Unterwelten.
Touristeninfo: www.unterwelten.com

Zu den ganz besonderen Erlebnissen im Leben gehört eine Ballonfahrt – vor allem wenn sie über einer so malerischen Landschaft wie dem Chiemgau stattfindet.

VIA CLAUDIA CAMPING 20

Vor 2000 Jahren eroberten die Römer den Voralpenraum und gründeten die Provinz Raetien, die auch das heutige Allgäu umfasste. Schon damals wusste man, wo es schön ist und wo es sich aushalten lässt. Die Römer wussten aber auch, Straßen zu bauen. Die Via Claudia Augusta war einst eine der wichtigsten Römerstraßen, die Norditalien mit dem süddeutschen Raum verbanden. Heute dient die antike Hauptverkehrsader weitgehend als Fernradwanderweg. Unmittelbar an diesem historischen Weg erstreckt sich der nach der Römerstraße benannte Campingplatz bei Lechbruck. Hier genießt man zunächst das tolle Alpenpanorama und dann die beiden schönen Badestrände am Lechstausee Urspring. Nur wenige Minuten zu Fuß bietet der Baderwäldlesee eine weitere Bademöglichkeit. Auch er gehört zum Platz. Er wartet auch mit deutlich angenehmeren Temperaturen auf als der doch recht kühle Stausee.
Inmitten der Natur bietet der Platz eine umfassende, sehr gepflegte Infrastruktur und beste Voraussetzungen für Spiel, Spaß und Sport.

Via Claudia 6, 86983 Lechbruck am See, Tel. +49 88 62/84 26,
www.via-claudia-camping.de, ganzjährig
www.pincamp.de/sb4900

Fläche	18 ha
Standplätze Touristen	469
Dauercamper	300
Mietunterkünfte	20
Hunde	erlaubt
WLAN	ja, kostenpflichtig

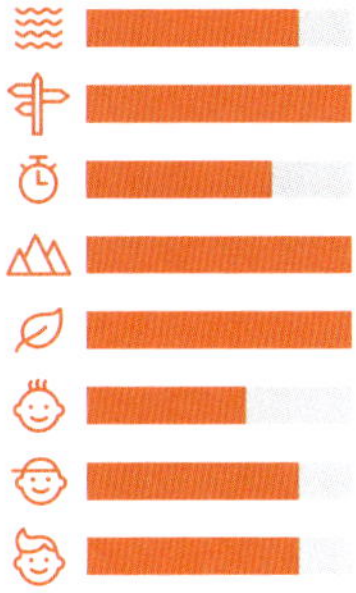

Fläche	1,6 ha
Standplätze Touristen	70
Dauercamper	44
Mietunterkünfte	4
Hunde	bedingt erlaubt
WLAN	ja

INSEL-CAMPING AM SEE 21

Eine Bilderbuchlandschaft, wie man sie sich kaum schöner vorstellen kann. Sie befindet sich in ruhiger Lage inmitten eines Landschaftsschutzgebiets und bietet herrliche Ausblicke auf die Allgäuer Alpen. Der kleine, familiäre Platz am Ufer des Niedersonthofener Sees überzeugt durch große Gastfreundlichkeit und schöne ganzjährige Freizeitmöglichkeiten. Zum See mit Liegewiese sind es rund 200 m zu Fuß. Zwei Badebuchten im Schilfgürtel sorgen für stimmungsvolle Atmosphäre. Es können auch Ruderboote ausgeborgt werden, um den See zu erkunden oder um den besten Punkt zum Angeln zu finden. Für Kinder steht auf dem Platz ein vielseitiges Spielareal, ein kleiner Streichelzoo und ein wettersicherer Spielraum zur Verfügung.

Insel 32¾, 87448 Waltenhofen OT Memhölz/Insel, Tel. +49 83 79/881, www.insel-camping.de, ganzjährig www.pincamp.de/sb3850

Eine schöne Aussicht regt an, die Umgebung zu erkunden, egal ob zu Fuß oder per Rad. Da wird die Abenteuerlust geweckt, die sich im Kreise der Familie besonders gut ausleben lässt. Dank der ruhigen Lage inmitten von Wiesen und Feldern hat man hier die wunderbare Möglichkeit, das einfache Landleben zu genießen.

CAMPING HOPFENSEE 22

Gut, der Begriff Königswinkel für diesen Landstrich des Allgäus ist primär touristischen Überlegungen geschuldet, er beschreibt die Region aber ganz gut. In dieser zauberhaften Gegend müssen sich die Wittelsbacher besonders wohlgefühlt haben und auch für den Bau mancher sehenswerter und malerischer Schlösser gesorgt. Fantastisch ist nicht nur der Landstrich rund um Füssen, außergewöhnlich schönes Alpenpanorama mit inbegriffen. Das Wort »fantastisch« beschreibt kurz und bündig auch, was vom Campingplatz direkt am Hopfensee zu halten ist. Der äußerst komfortable Platz hat sogar einen vollwertigen Badekurbetrieb (alle Kassen) zu bieten. Dazu gibt es großzügige Wellness- und Spa-Bereiche und unter anderem ein großes Hallenbad mit 31 Grad Wassertemperatur. Selbstverständlich ist auch ein Zwergerl-Bad für 0 bis 5 Jahre vorhanden. Auf die Kinder warten zudem ein mehrstöckiges Spielhaus für verschiedene Altersgruppen, für die Kleinsten der Zwergerl-Pavillon und für die Teens die Babbel-Box mit abendlicher Disco.

Fischerbichl 17, 87629 Füssen OT Hopfen am See, Tel. +49 83 62/91 77 10,
www.camping-hopfensee.de, Mitte Dez.–Anf. Nov., keine Zelte,
Reservierung obligatorisch
www.pincamp.de/sb4550

Fläche	8 ha
Standplätze Touristen	373
Dauercamper	4
Mietunterkünfte	4
Hunde	willkommen
WLAN	ja

DIE GEGEND ERLEBEN

AN EINEM LANGEN WOCHENENDE

Hoch und majestätisch thront **Schloss Neuschwanstein** auf einem Felsen oberhalb von Hohenschwangau bei Füssen. In hellem Weiß ist es mit seinen vielen Türmen, Erkern und mittelalterlich anmutenden Fenstern weithin sichtbar. Schloss Neuschwanstein wirkt wie aus einem Märchentraum, vielleicht auch, weil es Pate für Walt Disneys Cinderella-Schloss gestanden hat. Vor allem aber ist Schloss Neuschwanstein eine globale Marke, weltbekannt, und eine der meistbesuchten Sehenswürdigkeiten Bayerns. Doch so traditionsreich und alt, wie es den Anschein hat, ist Neuschwanstein nicht. Es ist der Stein gewordene Traum des Bayernkönigs Ludwig II. (1845–1886). Dieser war nicht nur verliebt in die Gegend, sondern ist hier, quasi gegenüber, auf Schloss Hohenschwangau, auch aufgewachsen.
Mit damals modernster Technik ließ sich der menschenscheue König ab 1869 seinen Fluchtort aus der ungeliebten Moderne errichten. Hoch über der Pöllatschlucht als seltsames Imitat einer mittelalterlichen Ritterburg. Erst 1884 konnte das Schloss von Ludwig II. bezogen werden. Nach seinem Tod wurden die Arbeiten am Schloss eingestellt. Fertig waren da nur der Torbau und das Haupthaus. So stößt man heute zwar auf viel Marmor, Wand- und Deckengemälde mit Motiven der germanischen Mythenwelt und aus Richard Wagners Opern, aber auch auf viel Unvollendetes. Zu sehen sind die Schlossküche, die Wohnräume des Königs, sein Thronsaal und die künstliche Grotte hinter dem Wohnzimmer.

Mit dem Bau von Schloss Neuschwanstein hat sich der Märchenkönig Ludwig II. unsterblich gemacht.

Das Schloss kann nur im Rahmen von Führungen besichtigt werden. Diese sind im Abstand von wenigen Minuten getaktet, und man muss zur am Ticket angegebenen Zeit am vorgegebenen Treffpunkt sein. Anschließend wird man binnen rund 30 Minuten durch das Gebäude geschleust.
Den vielleicht schönsten Blick auf Neuschwanstein und die atemberaubende Landschaft genießt man von der filigranen Marienbrücke über die Pöllatschlucht.
Ticket-Center Neuschwanstein und Hohenschwangau, Alpseestraße 12, 87645 Hohenschwangau, www.neuschwanstein.de

Hart an der Grenze zu Tirol, dort wo die Deutsche Alpenstraße, die Romantische Straße und die Via Claudia Augusta aufeinander treffen, liegt an den Ufern des Lech das kleine Städtchen **Füssen**. Bayerns höchstgelegene Stadt konnte sich ihre mittelalterlichen Gassen mit ihren bunten und verzierten Häusern bewahren. Erhalten geblieben ist auch die Stadtmauer mit ihren markanten Spitztürmen.

Das Herz Füssens ist die Reichenstraße. Sie hat sich mit ihren bunten Häuserfassaden herausgeputzt und lädt auch ein, in einem ihrer kleinen Cafés Platz zu nehmen. Von hier aus genießt man auch einen tollen Ausblick auf das gotische Hohe Schloss. Es liegt auf einem Hügel und war einst die Sommerresidenz der Fürstbischöfe von Augsburg. Heute gilt das Schloss als eine der besterhaltenen mittelalterlichen bayerischen Burganlagen. Das Hohe Schloss beherbergt einen Teil der Staatsgemäldesammlung, der gemeinsam mit der sehenswerten Burganlage besichtigt werden kann.

In unmittelbarer Nachbarschaft des Hohen Schlosses, unmittelbar am Ufer des Lech, erhebt sich die mächtige und imposante Barockanlage des ehemaligen Benediktinerklosters St. Mang. Seine Geschichte reicht bis in das 8. Jahrhundert zurück, als der Stadtpatron Magnus an dieser Stelle eine Mönchszelle gründete. Mit dem Bau des Klosters wurde rund 100 Jahre später begonnen. Im Gebäudekomplex sind das Museum der Stadt Füssen, die Stadtpfarrkirche und die Stadtverwaltung untergebracht.

Touristeninfo: Kaiser-Maximilian-Platz 1, 87629 Füssen, www.fuessen.de

Hohes Schloss: Magnusplatz 10, 87629 Füssen, April–Okt. Di–So, Nov.–März Fr–So, www.stadt-fuessen.de/hohesschloss.html

Museum im Kloster: Lechhalde 3, 87629 Füssen, April–Okt. Di–So, Nov.–März Fr–So, www.fuessen.de/kultur/romantische-altstadt/museum-der- stadt-fuessen.html

IN EINER WOCHE CAMPING

Grenzenloses Naturerlebnis im doppelten Sinn verspricht das **Walderlebniszentrum Füssen**. Dort, wo einst ein Schlagbaum gleich südlich von Füssen die deutsch-österreichische Grenze markierte, können heute Familien mit Kindern leicht einen ganzen Tag in der Natur verbringen. Das Walderlebniszentrum zwischen dem Lech und den Steilhängen des Allgäuer Bergwaldes befindet sich auf beiden Seiten der Staatsgrenze. Dort, wo man beim Erkunden der unberührten Natur mal auf deutschem, mal auf österreichischem Boden steht, wird aufwendige Erlebnispädagogik vom Feinsten geboten.

Auf mehreren Erlebnispfaden erfahren Kinder mit allen Sinnen Interessantes über Wasser, Wald, Topografie und Körpergefühl. Der Auwaldlehrpfad führt durch einen Weidentunnel. Ein Bach ist per Floß zu überqueren, und dann geht es auf der Hängebrücke oder an einem Seil hangelnd weiter.

Auf dem Bergwaldlehrpfad klettert man im Netz der Riesenspinne und schwingt an der Affenschaukel. Im Tal der Sinne geht es barfuß durch Matsch, über Baumstämme und durchs Wasser. Der 480 m lange Baumkronenweg in 21 m Höhe vermittelt ungeahnte neue Perspektiven auf Baumwipfel, Berge und den Fluss. Im Ausstellungsgebäude gibt es weitere Angebote und Informationen.

Tiroler Straße 10, 87629 Füssen OT Ziegelwies, Außengelände frei zugänglich, Ausstellung: April–Nov. tgl., Dez.–März auf Anfrage, www.walderlebniszentrum.eu, www.baumkronenweg.eu

Eigentlich heißt der 1973 im Stillachtal erbaute Turm **Heini-Klopfer-Skiflugschanze** und zählt zu den größten Sprungschanzen weltweit. Waghalsig ragt die 139 m lange Spannbetonkonstruktion der Anlaufspur diagonal in den Himmel. Sie wird nur von 40 jeweils 14 m tief im Fels verankerten Stahlankern am Schanzenfuß gehalten. Benannt ist das Wunder der Statik nach dem erfolgreichen Oberstdorfer Skispringer und Architekten Heini Klopfer. Dieser hatte hier 1950 die erste Skisprungschanze aus Holz erbaut. Vom Skiflugstadion erreicht man den Sprungturm mit einem neuen Panorama-Schrägaufzug und kann dann in den Turmaufzug umsteigen. Einige Treppenstufen höher hat man von der Plattform eine wahrhaft atemberaubende Weit- und beim nach unten Blicken eine wahrlich Furcht einflößende Tiefsicht. Kaum vorstellbar, dass es überhaupt jemanden gibt, der sich da runtertraut. Oben erfährt man hautnah, dass Skispringen im TV weitaus harmloser wirkt, als es in Wirklichkeit ist. Da sich der schiefe Turm nicht weit vom Südufer des schönen Freibergsees erhebt, kann man die Schanzenexkursion prima mit Natur- und Badefreuden verbinden. In einem gepflegten Naturbad mit Café-Restaurant sowie Ruder- und Tretbootverleih ist für sommerliche Annehmlichkeiten gesorgt.

Kinder balancieren auf einem Balken im Auwaldlehrpfad am Walderlebniszentrum Ziegelwies bei Füssen. Über die Landesgrenze hinweg gibt es hier zahlreiche Möglichkeiten, die Natur zu erkunden.

Sprungschanze: Zimmeroy 1, 87561 Oberstdorf, ganzjährig geöffnet, Revisionszeiten siehe Homepage, www.skiflugschanze-oberstdorf.de
Naturbad: Freibergsee 2, 87561 Oberstdorf, www.naturbad-freibergsee.de

Im äußersten Südwesten des Allgäus dominiert sanftes Hügelland, umgeben von Mooren und Rieden. In dieser beschaulichen Landschaft befindet sich, bereits in Baden-Württemberg gelegen, das kleine Städtchen **Wangen im Allgäu**. Mit hübschen, verwinkelten Gassen, Fachwerkhäusern und geschmückten Fassaden präsentiert sich uns die ehemalige Freie Reichsstadt. Ihr historisches Zentrum wurde sorgfältig restauriert und vermittelt ein teils mittelalterliches, aber auch südländisches Flair. Obwohl die Altstadt im Laufe der Zeit von mehreren Bränden heimgesucht wurde, blieb das sehenswerte Ensemble vom Mittelalter bis zum Spätbarock erhalten. Zu den ältesten Bauwerken zählt die Pfarrkirche St. Martin. Ihre Wurzeln reichen bis ins 9. Jahrhundert zurück. Das Wahrzeichen des Ortes ist aber das auch als Ravensburger Tor bekannte Frauentor mit seinen hübschen Malereien und Uhren. Aufgelockert wird das unter Denkmal- und Ensembleschutz stehende Zentrum auch durch eine Vielzahl hübscher Brunnen.
Touristeninfo: Binderstraße 10, 88239 Wangen im Allgäu, www.wangen.de/gaeste.html

In der Gegend um Oberstdorf wird das heimische Brauchtum noch ganz selbstverständlich und ursprünglich gepflegt – wie hier beim Viehscheid, dem jährlich im Herbst stattfindenden Almabtrieb.

BEI EINEM AUSGEDEHNTEN CAMPINGURLAUB

Die idyllische, 1145 m hoch gelegene **Alpsiedlung Gerstruben** hoch über dem Trettachtal ist gewissermaßen das Freilichtmuseum von Oberstdorf. Schon seit dem 14. Jahrhundert wurde hier nachweislich dauerhaft gesiedelt. Doch am Ende des 19. Jahrhunderts verkauften die letzten Bewohner ihre Häuser an die Kemptner Elektrizitätsgesellschaft. Diese wollte dort einen Speichersee errichten, was zum Glück aber nicht in die Tat umgesetzt wurde. Heute ist das denkmalgeschützte Ensemble der sorgfältig gepflegten Holzhäuser eines der klassischen Postkartenmotive der Region. Die Ansiedlung besteht aus sechs historischen Gebäuden. Das älteste stammt aus dem 16., die meisten anderen aus dem 17. Jahrhundert. Im Jakobehüs ist ein Museum eingerichtet, das donnerstags um 17 Uhr und an Samstagen besichtigt werden kann. Leider sind die Öffnungszeiten nicht sicher. Der schönste Zugang von Oberstdorf führt vom Westufer der Mühlenbrücke, unweit der Talstation der Nebelhornbahn, auf dem Jägerstandweg über Dietersberg und vorbei am kleinen, verträumten Christlessee nach Gottenried. Dem Rautweg folgt man dann durch dichten Wald hinauf in die Alpsiedlung. Dort eröffnet sich nach rund 2 Stunden Gehzeit eine beeindruckende Aussicht. Zu einer genussvollen Einkehr lädt der gemütliche Berggasthof Gerstruben ein.
Berggasthof: Gerstruben 1, 87561 Oberstdorf, www.gerstruben.de

In Bad Oberdorf hat sich ein uraltes Handwerk erhalten, das andernorts schon verschwunden ist: Dort sind noch drei **Hammerschmieden** in Betrieb, rund 500 Jahre alt und von der Wasserkraft der Ostrach angetrieben. In der Unteren Schmiede stellt Franz Scholl hauptsächlich Eisenpfannen für Kochprofis her. Er arbeitet eng mit seinem Cousin Albert Scholl zusammen, der die Obere Schmiede betreibt. Beide Traditionsbetriebe können besichtigt werden und haben Verkaufsräume, in denen man außer den begehrten Pfannen auch die nach historischen Vorbildern gefertigten Traditionswerkzeuge kaufen kann.
Untere Schmiede: Schmittenweg 17, 87541 Bad Oberdorf, www.hammerschmiede-badoberdorf.de

Der Besuch der **Sturmannshöhle** ist ein spannendes Erlebnis für die ganze Familie. Warme Kleidung ist hier gefragt, denn in der einzigen Spalthöhle des Allgäus ist es auch an einem Sommertag recht kühl. Die Temperatur beträgt konstante 4 Grad. Ausgangspunkt ist der Parkplatz an der Engstelle der Straße zwischen Obermaiselstein und Tiefenbach, dem sogenannten Hirschsprung. Von hier gelangt man auf einem bequemen Wald- und Wiesenweg in rund 30 Minuten zum Höhleneingang. Auf diesem Sagenweg begegnen einem etliche lokale Sagengestalten. Auf Tafeln werden die alten Sagengeschichten referiert. Am Höhleneingang folgt man, im Rahmen einer etwa 45-minütigen Führung, zunächst einem waagrechten Stollen, bevor es am Drachentor über gesicherte Stufen fast 300 m in die Tiefe geht. Man steigt durch faszinierende Gesteins- und Tropfsteinformationen und erreicht schließlich im untersten Stockwerk der Höhle den gurgelnden und tosenden Höhlenbach.
Haubenegg, 87538 Obermaiselstein, www.obermaiselstein.de

ALB-CAMPING WESTERHEIM 23

Schon vor 40 000 Jahren hinterließen Menschen auf der Schwäbischen Alb ihre Spuren. Die ältesten Kunstwerke der Menschheit wurden hier gefunden. Das Aussehen dieser einmaligen Landschaft mit ihren zerküfteten Tälern und rauen Hochebenen wurde über Jahrmillionen vom Oberlauf der Donau geprägt.
Der recht große Campingplatz liegt auf einer landschaftlich reizvollen Kuppe in 820 m Höhe oberhalb von Westerheim. In einem Freizeitzentrum für Jung und Alt werden Veranstaltungen für jeden Geschmack geboten. Daneben gibt es Lesestoff und Spielgeräte, wie die sehr beliebten Tretautos, mit denen sich der von Dauercampern dominierte Platz unsicher machen lässt. In den baden-württembergischen Ferien gibt es zusätzlich ein gesondertes Kinderanimationsprogramm. Zur familienfreundlichen Ausstattung zählen auch die geräumigen Sanitäranlagen mit Mutter-Kind-Dusche, Babybad und Kleinkindbad.

Beim Campingplatz 1, 72589 Westerheim,
Tel. +49 73 33/61 40, www.alb-camping.de, ganzjährig
www.pincamp.de/wb6500

Fläche	20 ha
Standplätze Touristen	80
Dauercamper	950
Mietunterkünfte	11
Hunde	erlaubt
WLAN	ja

Der Campingplatz besitzt ein eigenes Freibad mit drei beheizten Becken und einer Liegewiese. Neben einem 25 m langen Sportbecken lädt ein Funbecken mit großer, breiter Rutsche zum Planschen und Spaßhaben ein. Für kleine Besucher ist ein separates, großzügiges Planschbecken vorhanden. Der Größe des Campingplatzes ist es jedoch geschuldet, dass der Weg zu den Becken bis über 600 m lang sein kann.

DIE GEGEND ERLEBEN

AN EINEM LANGEN WOCHENENDE

Wenn man es nicht wüsste, würde man die beiden Städte **Ulm** und Neu-Ulm als eine einzige betrachten. Ihre Grenze bildet die durch den Siedlungsraum fließende Donau – mehr noch: sie ist auch Landesgrenze. Während Neu-Ulm, übrigens mit guten Parkmöglichkeiten für eine Ulmer Stadtbesichtigung, in Bayern liegt, befindet sich das eigentliche Ulm in Baden-Württemberg.

Das berühmte Ulmer Münster thront weithin sichtbar über der Altstadt. Seine Grundsteinlegung erfolgte 1377. Der 1890 vollendete Kirchturm ist mit seinen 161,53 m der höchste der Welt. Zudem ist das Ulmer Münster die größte evangelische Kirche Deutschlands. In ihr befindet sich auch ein Denkmal für den »Ulmer Spatz«. Es ist jenes Vöglein, das der Legende nach für die Lösung eines Transportproblems beim Münsterbau sorgte. Der Spatz, das inoffizielle Wappentier der Stadt, begegnet dem Besucher in Ulm immer wieder. Das Rathaus und der alte Marktplatz sind ebenfalls Zeugen der Vergangenheit. Die modern gestaltete Stadtmitte setzt dazu markante architektonische Akzente. Lohnenswert ist auch ein Spaziergang auf der Ulmer Stadtmauer, die zumindest entlang des Donauufers erhalten geblieben ist. Eine besondere Sehenswürdigkeit ist ferner das Schiefe Haus. Es wurde im 14. Jahrhundert errichtet. Wegen seiner Nähe zum Flüsschen Blau, ist es mit der Zeit an einer Seite eingesunken und steht heute mit einer Neigung von über 9 Grad da.

Münsterplatz 50, 89073 Ulm, www.tourismus.ulm.de

Der **Blautopf**, diese mystische runde Quelle mit ihrem Farbenspiel, beeindruckte schon vor Tausenden von Jahren die Menschen, die ringsherum siedelten. Er ist nach dem Aachtopf die zweitgrößte Karstquelle Deutschlands. Bei ihr dringt das Wasser aus einem unterirdischen Höhlensystem ins Freie. Je nach Jahreszeit können das zwischen 250 und fast 33 000 Liter pro Sekunde sein. Der Blautopf ist weitgehend von Wald umgeben. In ihm spiegelt sich auch die Kirche des nahen Klosters. An den Karsttopf schließt ein Weiher mit historischer Wassermühle in Fachwerk-Bauweise an.

Ein Zeugnis der frühen Kultur auf der Schwäbischen Alb ist die 40 000 Jahre alte »Venus vom Hohlen Fels«. Diese kleine, aus Mammutelfenbein geschnitzte Frauenfigur, die wohl einst ein urzeitlicher Schwabe um den Hals trug, gilt als die älteste Menschendarstellung der Welt. Gefunden wurde sie zusammen mit anderer steinzeitlicher Kunst in mehreren Höhlen der Alb. Zu sehen sind diese ältesten Kunstwerke im Blaubeurer Urgeschichtlichen Museum. Es ist im ehemaligen Spital zum Heiligen Geist untergebracht. Gleichzeitig wird dort auch über Natur und Kultur des steinzeitlichen Eiszeitalters informiert. Man erfährt, wie es war, als Neandertaler und moderne Menschen aufeinandertrafen. In Blaubeuren gibt es aber auch sonst einiges zu sehen. Direkt neben dem Blautopf liegt die bereits ewähnte weiträumige Klosteranlage. Das 1085 gegründete ehemalige Benediktinerkloster hat sein mittelalterliches Erscheinungsbild weitgehend gewahrt. Neben dem sehenswerten Chor der Klosterkirche, dem Kapitelsaal und dem Kreuzgang lohnt auch ein Besuch des Heimatmuseums im ehemaligen klösterlichen Badehaus.

Blautopf: Blautopfstraße 9, 89143 Blaubeuren, April–Okt., www.blautopf.de

Touristeninfo: Kirchplatz 10, 89143 Blaubeuren, www.blaubeuren.de/de/Tourismus/Service-und-Information

Groß und gewaltig blickt sie von einem isolierten Bergkegel weit ins Land. Die **Burg Hohenzollern** ist der Stammsitz des Adelsgeschlechts der Hohenzollern. Sie waren einst preußische Könige und deutsche Kaiser. Die Anlage zählt zu den schönsten und meist besuchten Burgen Europas. Die Burg hat seit ihrem Bestehen viel mitgemacht. Ihre Gründung wird um das Jahr 1000 vermutet. 1423 wurde diese erste Burg vollständig zerstört. Ab 1454 wurde sie ein zweites Mal wieder aufgebaut und nachdem sie zu Beginn des 19. Jahrhunderts zur Ruine verfallen war, ab 1850 ein drittes Mal errichtet. Alleine das Äußere der Burganlage lädt zum Staunen ein. Zudem können auch die Schau- und Prunkräume der Burg im Rahmen von Führungen besichtigt werden. Dabei wird auch die spannende Geschichte des Anwesens sowie manch unterhaltsame Anekdote vermittelt. An über 50 Tagen im Jahr sind die Führungsräume auch durchgehend geöffnet und können individuell besichtigt werden.

Das geheimnisvolle blaue Leuchten verdankt der Blautopf bei Blaubeuren einem besonderem physikalischen Effekt der Lichtstreuung. Kein Wunder, dass er schon immer ein Ort für Mythen und Legenden war.

Während der Sommersaison werden auch Familienführungen angeboten, die speziell auf 5- bis 10-jährige Kinder abgestimmt sind. Auch spezielle Kinderführungen werden geboten.
Burg Hohenzollern, 72379 Hechingen, ganzjährig geöffnet, www.burg-hohenzollern.com

IN EINER WOCHE CAMPING

Für Familien mit Kindern im Alter zwischen 3 und 12 Jahren ist der Besuch des **Legolands** in Günzburg ein unverzichtbares Muss! Nicht für einige Stunden oder einen Tag, sondern am Besten gleich für mehrere Tage! Denn hier gibt es fast unendlich viel zu sehen und entdecken. Nahe dem Eingangsbereich ist es im Legoland noch ruhig. Im Miniland wurden aus mehr als 25 Millionen Bausteinen wichtige Sehenswürdigkeiten aus Deutschland und der Welt nachgebildet. Der Hamburger Hafen ist ebenso dabei wie Berlin mit dem Reichstag, die Frankfurter Skyline, Venedig und Schloss Neuschwanstein. Spektakulär gelungen ist die Münchner Allianz Arena im Maßstab 1 : 50, mit über 30 000 Figuren und vielen Lichteffekten. Auch der Flughafen München mit Start- und Landebahnen sowie einem Airbus A380 ist zu sehen. Sämtliche Modelle im Legoland werden übrigens mit handelsüblichen Legosteinen gebaut. Eine Anregung für die Freizeitgestaltung zu Hause.
Hinter der Miniwelt geht es erst richtig los. Hier warten in verschiedenen Themenwelten waghalsige Achterbahnen, Karussells, abenteuerliche Bootfahrten, Dschungelabenteuer, Eintauchen ins Land der Pharaonen und Piraten und und und. Sogar den Führerschein können die Kinder machen. Der gilt aber nur im Legoland. Einen guten Überblick über jene Fahrgeschäfte, zu denen man unbedingt noch muss, hat man von der Spitze des hohen Legoturms mit guter Aussicht auf den Park und das Umland.
Legoland-Allee 1, 89312 Günzburg, Ende März–Anf. Nov., www.legoland.de

Inspiriert durch Wilhelm Hauffs Roman »Lichtenstein«, ließ sich Wilhelm Graf von Württemberg um 1840 ein gleichnamiges Schloss erbauen, das den Idealvorstellungen einer mittelalterlichen Ritterburg entsprach. Es wurde im Geiste der Romantik errichtet und liegt am Albtrauf der Schwäbischen Alb hoch über dem Tal. Es ist als **Märchenschloss Württembergs** bekannt. Von der Burg genießt man einen beeindruckenden Ausblick auf das Umland. Zum Schloss gehören unter anderem eine Kapelle und der weitläufige Schlossgarten. Begehbar sind die neugotischen Räumlichkeiten im Rahmen einer Führung.
Schloss: 72805 Lichtenstein, März–Dez., www.schloss-lichtenstein.de

Wem Schloss Lichtenstein zu wenig abenteuerlich ist, auf den wartet gleich nebenan so richtig Spannung, Action und Nervenkitzel. Denn hier findet man nicht irgendeinen **Kletterpark**, sondern einen richtig großen. Nicht weniger als zehn Parcours mit mehr als 230 zu überwindenden Hindernissen warten darauf, bezwungen zu werden. Wo, wenn nicht hier, finden die Kleinen richtig viel Spaß und eingefleischte Profis echten Nervenkitzel. Die ersten vier Parcours sind nach Absprache für Kinder ab 6 Jahren zugelassen.

Sie erfordern zum Teil aber bereits Klettererfahrung und die Begleitung der Eltern. Je nach Schwierigkeitsgrad steigt das Mindestalter bei den weiteren Kletterrouten auf bis zu 18 Jahren. Parcours 10 nennt sich Folterkammer und ist nichts für schwache Nerven. Alleine schon, weil es einen Sprung über 8 m zur nächsten Plattform braucht. Die Begehung der Route ist nur nach vorheriger Sondereinweisung gestattet.
Kletterpark: 72805 Lichtenstein, Anf. April–Okt. detaillierte Öffnungszeiten auf Homepage nachlesen, www.abenteuerpark-schlosslichtenstein.de

BEI EINEM AUSGEDEHNTEN CAMPINGURLAUB

In Holzmaden stapfen acht Saurier durchs Gras. Sie beißen nicht, sie spielen nicht mal, sie sind nur die lebensgroßen Rekonstruktionen sehr urtümlicher Schwaben. Das einzigartige Museum in Holzmaden ist das größte private **Naturkundemuseum** in Deutschland. Berühmt ist es nicht zuletzt für seine ausgezeichnet präparierten Fossilien, unter ihnen ein riesiger Ichthyosaurier.
Aichelberger Straße 90, 73271 Holzmaden, Di–So, www.urweltmuseum.de

Er nennt sich »kleiner **Tierpark**« und hat auf 1,5 ha doch überraschend viel zu bieten: 200 heimische und exotische Vögel, größere und kleinere Säugetiere sowie Reptilien. Besondere Aufmerksamkeit erregen hier in Göppingen die farbenprächtigen Kanarienvögel, Papageien und Sittiche in ihren großzügigen Volieren und die vielen Affen: Mandrills, Paviane, Rhesusäffchen. Aber auch Raubkatzen, Zebras, Dromedare, Kängurus und tropische Fische sind zu bewundern.
Lorcher Straße 99, 73033 Göppingen, www.tierpark-goeppingen.de

Der **Familienpark Westerheim** bietet einiges, das Kinderherzen höher schlagen lässt. Da ist ein Wildpark mit einheimischen und exotischen Tieren, ein Vergnügungspark mit Karussells und Eisenbahn sowie noch eine Sommerrodelbahn.
Donnstetterstraße 99, 72589 Westerheim, ganzjährig geöffnet, www.familienpark-westerheim.de

Im Legoland bei Günzburg braucht man für die zahlreichen Attraktionen viel Zeit.

FAMILY-RESORT KLEINENZHOF 24

Der Nordschwarzwald ist Schwarzwald pur. Seine Fläche ist zu annähernd drei Viertel von Wäldern bedeckt. Oft kantig wirkende Berge sind charakteristisch für dieses Land. Seine dichten, schier unendlich wirkenden Wälder lassen Erinnerungen an das Märchen »Das kalte Herz« aufkommen, in dem der Kohlenmunk-Peter eine Köhlerei betreibt und sich nach einem besseren Leben sehnt. Heute ist man froh über den Schatz und naturellen Reichtum, den uns der Schwarzwald bietet: Ruhe, Entspannung und gute Luft. Dazu gibt es viele Wandermöglichkeiten auf die umliegenden Berge.

Lang streckt sich das Campinggelände im abgeschiedenen, schmalen Tal der Kleinen Enz. Um ihn nur Wald, Wiesen, Wasser und nochmals Wald. Der familiengeführte Platz bietet viel Komfort. Dazu gehören ein Frei- und Hallenbad, moderne Sanitäranlagen mit Kinder- und Familienbädern, Innen- und Außenspielplätze und für Kinder wunderbare Waldabenteuer. Sie reichen vom Floßfahren über das Hirschgehege bis zum abendlichen Lagerfeuer mit Stockbrotbacken.

Kleinenzhof 1, 75323 Bad Wildbad im Schwarzwald,
Tel. +49 70 81/34 35, www.kleinenzhof.de, ganzjährig
www.pincamp.de/wb4700

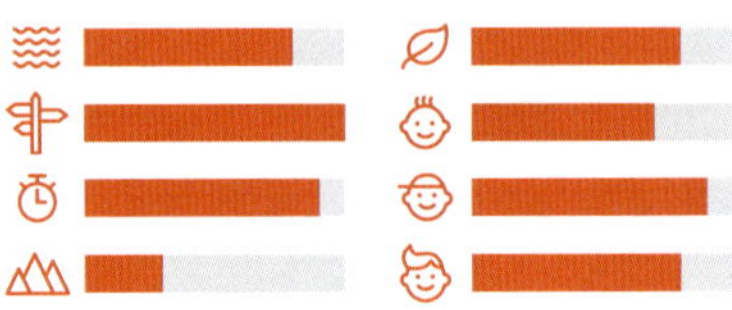

Fläche	6 ha
Standplätze Touristen	126
Dauercamper	180
Mietunterkünfte	4
Hunde	erlaubt
WLAN	ja

Kindern wird auf dem Platz viel geboten. Alleine das 730 m² große Spielhaus lässt keine Langeweile aufkommen. Spannender sind aber die im Vergleich zu anderen Plätzen durchaus exklusiven Freizeitangebote in freier Natur, wie Kanu- und Floßfahren auf einem aufgestauten Teilstück des vorbeifließenden Baches.

CAMPING KÖNIGSKANZEL 25

Der Name kommt nicht von ungefähr. Von der Anhöhe in immerhin 728 m, auf der der Platz liegt, hat man in der Tat einen königlichen Blick über den westlichen Schwarzwald. Ihn kann man dank teilweiser Terrassierung auch von den meisten Standplätzen genießen. Obwohl in der Nähe mehrerer Ortschaften gelegen, genießt man hier oben die friedliche Natur. Es bieten sich Spaziergänge auf dem Hochplateau an, etwa zum Aussichtsturm auf der Königskanzel oder in den nahen Wald. Dieser spendet vor allem an heißen Sommertagen Abkühlung und Schatten.
Der umweltbewusst betriebene Campingplatz ist großzügig und naturnah angelegt. Zu den Freizeiteinrichtungen vor Ort gehören ein schönes Freibad sowie ein weitläufiger, gut ausgestatteter Abenteuerspielplatz. Im Sommer gibt es ein Kinderferienprogramm.

Freizeitweg 1, 72280 Dornstetten OT Hallwangen,
Tel. +49 74 43/67 30, März–Anfang Nov.
www.pincamp.de/wb5350

Fläche	4,5 ha
Standplätze Touristen	60
Dauercamper	90
Mietunterkünfte	2
Hunde	erlaubt
WLAN	ja, kostenpflichtig

DIE GEGEND ERLEBEN

AN EINEM LANGEN WOCHENENDE

Trotz seines kurzen Lebens hat der Schriftsteller Wilhelm Hauff (1802–1827) nicht nur unterhaltsame Märchen geschrieben, sondern in den farbigen Erzählungen gleichzeitig detailgenaue Bilder vergangener Welten und Zeiten entworfen. Einige seiner Erzählungen sind bis heute bekannt, wie »Das Wirtshaus im Spessart«, »Der Zwerg Nase« und »Das kalte Herz«. Letzteres schildert vielleicht am besten die Seele des Schwarzwaldes vor etwa 200 Jahren. In **»Hauffs Märchenmuseum«** in Baiersbronn können Familien den Spuren Hauffs folgen und sich in andere Welten entführen lassen. Im vielleicht bekanntesten Märchen »Das kalte Herz« erzählt Hauff viel über das Leben der Flößer, Köhler, Glasmacher und Holzhändler in den Schwarzwaldtälern. Auch die Geschichten rund um den kleinen Muck, den Kohlenmunk Peter und das Glasmännlein werden im Museum (wieder) lebendig. Während die Eltern sich im literarischen Bereich in Hauffs Erzählungen vertiefen und Video- oder Hörstationen nutzen, können Kinder im eigenen Lesebereich in Märchenbüchern schmökern oder sich die Geschichten an der Videostation von der »Augsburger Puppenkiste« erzählen lassen. Der Aktivbereich animiert auch zum Basteln, Spielen und Malen.
Alte Reichenbacher Straße 1, 72270 Baiersbronn, Mitte Dez.–Mitte Nov. Mi, Sa, So, www.baiersbronn.de/de-de/hauffs-maerchenmuseum-2

»Sehen, Staunen, Verstehen«, so lautet das Motto des **Experimentiermuseums** in **Freudenstadt**. Hier entdecken Kinder, aber auch Eltern, verblüffende Phänomene rund um das tägliche Leben und die Natur. An allen Stationen ist Anfassen und Ausprobieren ausdrücklich erwünscht. Frei nach dem Motto: »Learning by Doing«. Besonders spannend für Kinder ist, sich schon vorher zu überlegen, was denn beim nächsten Experiment passieren wird. Hier steht neben Spaß auch unbewusstes Lernen auf dem Programm. Eine Vielzahl von Stationen zu den Bereichen Luft und Wasser, Wellen und Schall, Licht und Schatten, Kraft und Masse sowie Magnetismus laden zu manch erstaunlichem Experiment ein. Besonders beliebt bei Kindern ist etwa das Konstruieren eines Wasserantriebs für Schiffe, einen Tornado mitzuerleben, optische Täuschungen zu durchschauen und natürlich auch in einer Seifenblase zu stehen.
Musbacher Straße 5, 72250 Freudenstadt, Öffnungszeiten siehe www.experimenta-freudenstadt.de

IN EINER WOCHE CAMPING

Mit einem normalen Fahrrad die oft doch recht steilen Schönheiten des Schwarzwalds zu genießen, mag schon mal zu anstrengend sein. **E-Bikes** sorgen für Abhilfe und Bequemlichkeit. So lassen sich während der

Auf einer Baiersbronner Wiese studieren junge Entdecker ihre Wander- und Erlebniskarte, mit der sie sich auf ihr nächstes Abenteuer vorbereiten.

Sommermonate, von einem Elektromotor unterstützt, die sonst schweißtreibenden Anstiege mühelos bezwingen. Verleih- und Akkuladestationen sind auf der Website von Schwarzwald Tourismus einzusehen. Ein offizieller Tourenplaner ergänzt das Angebot.
Touristeninfo: www.schwarzwald-tourismus.de, www.touren-schwarzwald.info

1715 hatte Markgraf Wilhelm von Baden-Durlach mitten im Wald seine neue Residenz »Carols Ruh« errichten lassen. Sehr schnell entwickelte sich um das einst als Lustschloss vorgesehene Gebäude die geplante Stadt Karlsruhe. **Schloss Karlsruhe** ist der Mittelpunkt des von 32 Radialstraßen gebildeten Grundrisses der Stadt, weshalb sie auch als Fächerstadt bekannt ist.
Besucher sind vom traumhaften barocken Erscheinungsbild des Schlosses fasziniert. Mindestens genauso wie vom wunderbaren Schlossgarten mit eigenem See auf seiner Rückseite. Empfehlenswert ist der Aufstieg auf den 42 m hohen achteckigen Schlossturm. Nach 165 Stufen ist seine Aussichtsplattform erreicht, von der man einen fantastischen Blick auf das Schlossensemble und die Stadt genießt.
Heute beherbergt das Schloss das Badische Landesmuseum mit einer großen kunsthistorischen Sammlung, die einen Bogen über 50 000 Jahre spannt. Ein Museumsbesuch gibt zudem die Möglichkeit, die Räumlichkeiten des Schlosses von innen zu sehen.
Schlossbezirk 10, 76131 Karlsruhe, Di–So, www.landesmuseum.de

Eine **Kanutour auf dem Neckar** bietet ein idyllisches Naturerlebnis zwischen den steilen Felsen. Mit ein bisschen Glück beobachtet man unterwegs Graureiher, Blesshühner und Eisvögel. Die Strecke ist sehr abwechslungsreich und beinhaltet ruhige Passagen, aber auch schneller fließendes Gewässer. Nach gut zwei Stunden Paddeln kommt man bei der Verleihstation in Fischingen an. Hier wartet, sofern gebucht, bereits ein angefeuerter Grill. Nach der Anstrengung hat man sich das Picknick auch verdient. Neben der Zweistundentour werden auch längere Touren angeboten, bei denen man bis zu zwei Tage mit dem Kanu am Neckar unterwegs ist. Ein spannendes und gleichsam entschleunigendes Erlebnis für die ganze Familie.
Kanusport Neptun: Burg-Wehrsteinstraße 55, 72172 Sulz OT Fischingen, Mai–Mitte Sept. genaue Termine auf der Homepage, www.kanusport-neptun.com

BEI EINEM AUSGEDEHNTEN CAMPINGURLAUB

Jedes Jahr am dritten Juniwochenende wandelt sich Horb in eine Hochburg mittelalterlichen Lebens und Feierns. Die Kulisse für die größten **Ritterspiele** in Baden-Württemberg und eines der größten in ganz Deutschland bilden die prunkvolle Stadtkirche, das historische Rathaus und der alte Marktplatz. So also wurde damals gearbeitet, gegessen, getanzt und gekämpft. Das Mittelalter entfaltet sich in Umzügen mit Turnieren, Ritterlager und Märkten. Handwerksleute preisen lautstark ihre Waren an, ebenso wie Kalligrafen, Kunstschlosser, Seifensieder und Töpfer. Dazwischen prächtig gekleidete Edelleute und geharnischte Schwertkämpfer. Gaukler, Hexen, Bauern, Ritter und Mägde versetzen die

Stadt ins Mittelalter zurück. Während des Tags tummeln sich die kleinen Nachwuchsritter mit ihren Familien bei den Kinderritterspielen.
www.horb.de/Ritterspiele

Schloss Glatt in Sulz am Neckar ist eins der ältesten Renaissanceschlösser Baden-Württembergs. Bei schönem Wetter spiegelt es sich im Wassergraben, der bis an seine Mauern heranreicht. Das aus dem 15. Jahrhundert stammende Gehäuse kann innen und außen besichtigt werden. In seinen ehrwürdigen Mauern sind ein Schloss-, ein Adels- und ein Bauernmuseum untergebracht. Sie vermitteln das Leben des Adels und deren Untertanen vom Mittelalter bis in die Neuzeit. Weiter befindet sich im Wasserschloss eine Galerie mit zeitgenössischen Künstlern aus der Region. Einen Besuch kann man mit Kaffee und Kuchen im Schlosscafé mit Gartenterrasse ausklingen lassen.
Schloss 1, 72172 Sulz am Neckar-Glatt, April–Okt. Di–So, Nov.–März Sa, So, www.schlossglatt.de

Ein Fahnenschwenker stimmt die zahlreichen Gäste auf die jährlich stattfindenden Horber Ritterspiele ein. Spielleute, Schwertkämpfer und Feuerspucker schicken die Besucher auf eine Reise ins Mittelalter.

Fläche	50 ha
Standplätze Touristen	50
Dauercamper	350
Mietunterkünfte	7
Hunde	bedingt erlaubt
WLAN	keine Angaben

CAMPING RASTATTER FREIZEITPARADIES 26

Hier am westlichen Ende des Schwarzwalds geht die Landschaft in die Rheinebene über. Sie markiert gleichzeitig das westliche Ende Deutschlands. Die Rheinauen sind ein idyllisches Naturschutzgebiet. Inmitten von Wäldern windet sich der schmale Arm des Altrheins gen Norden. Ein naturhistorisches Dokument, das uns zeigt, wie der große Rhein im Laufe von Jahrtausenden mehrfach seinen Flusslauf verändert hat.
Am Rande des Naturschutzgebiets liegt der Campingplatz in den idyllischen Rastatter Rheinauen. Aber nicht der Rhein, sondern ein Baggersee mit breitem Sandstrand sorgt hier für Badefreuden. Dazu bietet das Freizeitparadies diverse sportliche Betätigungsmöglichkeiten, etwa Tauchkurse, Minigolf, Tennis, Beachvolleyball oder Boule.

Im Teilergrund 1, 76437 Rastatt OT Plittersdorf, Tel. +49 72 22/101 50, www.rastatter-freizeitparadies.de, ganzjährig
www.pincamp.de/wb0020

Der platzeigene Baggerteich sorgt für reichlich Badespaß, aber sehr interessant und abwechslungsreich ist auch eine rund 1,5 km lange Wanderung zum Rheinufer. Einfach mal den großen Strom beobachten, auf sich einwirken lassen und dabei den vielen Schiffen zusehen, die stromauf- und -abwärts ihren Zielen entgegenschippern. Ein besonderer Reiz auch für Kinder.

FREIZEITCENTER OBERRHEIN 27

Die südliche Rheinebene ist die wärmste Region Deutschlands und besitzt bereits ein wenig südländisches Flair. Hier herrschen früh im Jahr angenehme Temperaturen, und es bleibt auch noch bis weit in den Herbst warm. Kein Wunder, dass man in dieser Region besonders gerne erfrischende Abkühlung im Wasser sucht. Davon hat das Freizeitcenter in den Rheinauen bei Rheinmünster reichlich zu bieten. Mitten auf dem Gelände befinden sich nicht nur zwei große Badeseen mit schönen Stränden, sondern auch ein Wassersportzentrum mit Surfschule, Kanu- und Elektrobootverleih am benachbarten Oberrheinsee/Kriegersee. Nicht weniger umfassend ist das Freizeitangebot für Kinder und Jugendliche. Sie wollen herumtoben und beschäftigt sein. Während der Ferienzeiten wird ein breit gefächertes Betreuungsprogramm mit Kinderanimation, Wasserspielen und einem abwechslungsreichen Sportprogramm angeboten. Eine Hüpfburg und Floßfahrten runden die Freizeitmöglichkeiten weiter ab.

Am Campingpark 1, 77836 Rheinmünster OT Stollhofen,
Tel. +49 72 27/25 00, www.freizeitcenter-oberrhein.de, ganzjährig
www.pincamp.de/wb0050

Fläche	36 ha
Standplätze Touristen	285
Dauercamper	460
Mietunterkünfte	40
Hunde	erlaubt
WLAN	ja

DIE GEGEND ERLEBEN

AN EINEM LANGEN WOCHENENDE

Baden-Baden liegt am westlichen Rand des Schwarzwalds, knapp bevor er in die Rheinebene übergeht. Hier, unweit der Grenze zu Frankreich, entwickelte sich die Stadt, die seit den Römern durchgehend besiedelt ist, dank ihrer Thermalquellen im 19. Jahrhundert zu einem mondänen Ort. Das Angebot der Kurstadt reicht von römischen Badruinen über entspannende Thermen bis hin zu exklusiven Shopping-Möglichkeiten und, nicht zu vergessen, das weltberühmte Casino. Die Altstadt zeugt von Reichtum der Region. Neben schmucken Herrenhäusern und Villen finden sich viele herausragende Bauwerke, wie das Kurhaus und die Trinkhalle. Nennenswert sind weiter die Stiftskirche und das Brahmshaus sowie die Lichtentaler Allee. Baden-Baden ist zudem reich an Kunst und Kultur, was sich etwa am Festspielhaus und am Museum Frieder Burda zeigt.
Den besten Blick auf die Stadt genießt man von der beeindruckenden Ruine Hohenbaden, die auch als Altes Schloss bekannt ist. Eine weitere Empfehlung ist der 568 m hohe Berg Battert. Man sollte sich die Zeit für einen Spaziergang durch das Naturschutzgebiet und die außergewöhnliche Felsenwelt nehmen. Grandios ist von dort oben der Panoramablick über Baden-Baden, den Schwarzwald und die Rheinebene.
Touristeninfo: www.baden-baden.com, www.battertfelsen.de

Straßburg, die elsässische und eigentlich auch europäische Hauptstadt, ist eine wahrhaft europäische Stadt. Ihre deutsch-französische Vergangenheit prägt sie bis heute. Davon zeugt auch das außergewöhnliche architektonische Erbe der Stadt. Zu den imposanten Gebäuden der Stadt zählt das Europa-Parlament. Noch imposanter ist das berühmte, im 12. Jahrhundert erbaute Münster. Bis ins 19. Jahrhundert war es das höchste Bauwerk der Christenheit. Die malerische Altstadt mit dem Haus Kammerzell und der Thomaskirche lässt sich am besten bei einem Rundgang erkunden. Lohnenswert ist auch der Aufstieg auf die Aussichtsplattform des Münsters. Von hier genießt man einen grandiosen Ausblick auf die historische Stadt. Straßburg bietet zudem zahlreiche hochrangige Museen. Dazu gibt es hier Gelegenheit, in die elsässische Lebensart mit jugendlich-kosmopolitischem Elan einzutauchen. Zuletzt macht Straßburg auch das genussvolle Essen und Trinken zu einem so beliebten Ausflugsziel. Alleine aus diesem Grund sollte man seinen Stadtbesuch, so es geht, nicht auf ein Wochenende legen.
Touristeninfo: 17 Place de la Cathédrale, F-67082 Strasbourg, www.tourisme-alsace.com

IN EINER WOCHE CAMPING

Schloss Rastatt wurde nach dem Vorbild von Versailles erbaut und 1705 fertiggestellt. Als einzige barocke Schlossanlage am Oberrhein

hat es den Krieg unbeschadet überstanden. Die Residenz beeindruckt mit ihrer 230 m langen Gartenfront und prunkvollen Räumen mit Deckengemälden italienischer Meister. Im Rahmen einer Führung kann die Anlage besucht werden. Im Schloss sind auch das Freiheits- und das Wehrgeschichtliche Museum untergebracht.
Herrenstraße 18–20, 76437 Rastatt, Di–So, www.schloss-rastatt.de

Er ist ein Freizeitpark der Superlative. Hinter Disneyland Paris belegt der **Europa-Park** im baden-württembergischen Rust Platz 2 unter den meistbesuchten Freizeitparks Europas. Gerne wird er auch als einer der schönsten Freizeitparks der ganzen Welt bezeichnet. Auf einer Gesamtfläche von 950 000 m² werden in 18 Themenwelten über 100 Fahrgeschäfte und mehrere Shows geboten. Jede dieser Welten repräsentiert eine europäische Region mit deren typischer Architektur, Gastronomie und Vegetation. Alleine 13 Achterbahnen hat der Park zu bieten. Eine kann ab einem Mindestalter von 3 Jahren, vier weitere mit 4 Jahren gefahren werden. Zu den Highlights zählen aber die durch »Island« sausende Holzachterbahn »Wodan« sowie die Katapult-Achterbahn »blue fire« durchs antike Griechenland. Beide bringen es auf bis zu 100 km/h. Das ist aber alles nichts gegen die Silver Star in der Themenwelt Frankreich. Sie ist mit über 1,6 km nicht nur die längste, sondern mit 73 m Höhe auch die größte und mit 127 km/h die schnellste Achterbahn. Da sind unzählige Achterbahnschreie vorprogrammiert.
Europa-Park-Straße 2, 77977 Rust, Ende März–Anf. Nov., Ende Nov.–Anf. Jan., www.europapark.de

Der Blue Fire Megacoaster ist nur eine von 13 Achterbahnen im Europa-Park Rust. Die Vergnügungsmöglichkeiten in einem der schönsten Freizeitparks der Welt sind grenzenlos.

FERIENPARADIES SCHWARZWÄLDER HOF 28

Die südliche Ortenau ist an Vielseitigkeit kaum zu überbieten. Hier gibt es einmalig schöne und abwechslungsreiche Orte im südlichen Schwarzwald, idyllische Vorgebirgslandschaften mit sanften, mit Weingärten versehenen Hügeln und unberührte Natur in der Rheinebene. Hier findet man alles, von urwaldartigen Auwäldern bis hin zu Orchideenwiesen. Hier kommt das volle Schwarzwaldgefühl auf. So auch im Tal und direkt am Ufer des Flüsschens Schutter. Wald bedeckt die Höhenzüge ringsum. Alle Gebäude des Campingplatzes und des zugehörigen Landhotels sind im rustikalen Blockhausstil errichtet. Obwohl es sich bei diesem Ferienparadies um eine kleine Anlage handelt, wird hier wahrlich viel geboten, so etwa ein Hallenbad mit Wasserfall, Saunen mit Außenbereich, Spa- und Wellness-Landschaften, mehrere Spielplätze, ein Indoor-Spielraum sowie naturnahe Kinderanimation. Darüber hinaus kann man hier reiten, und wenn es für die Kleinen einen Babysitter braucht, ist das auch kein Problem.

Tretenhofstraße 76, 77960 Seelbach, Tel. +49 78 23/960 950,
www.spacamping.de, ganzjährig
www.pincamp.de/wb0550

Fläche	4,8 ha
Standplätze Touristen	210
Dauercamper	20
Mietunterkünfte	11
Hunde	erlaubt
WLAN	ja

Das neu sanierte Seelbacher Freibad grenzt unmittelbar an den Campingplatz an und kann mit der Gästekarte kostenfrei genutzt werden. Sein großes Becken bietet 25- und 50-m-Schwimmbahnen, einen Strömungskanal sowie einen Sprungturm für Spaß und Abwechslung. Auf die ganz Kleinen wartet ein großes Planschbecken und ein Sandspielplatz.

CAMPING MÜNSTERTAL 29

Kaum ein Landstrich, der so vielfältig ist, wie das Münstertal. Im Osten ragt es in den Schwarzwald mit seinen luftigen Höhen, im Süden erstreckt es sich über die Weinberge des Markgräferlandes, im Westen grüßt die Rheinebene und im Norden der Breisgau. Kaum zu glauben auch, dass das Münstertal bis auf 1414 m Höhe reicht. Ausgedehnte Wanderungen und Radtouren sind nur einige wenige Möglichkeiten, die sich hier auftun.

Da freut es umso mehr, wenn man als Stützpunkt einen äußerst komfortablen sowie kinder- und familienfreundlichen Platz hat. All das bietet Camping Münstertal. Zur großflächigen Anlage mit stimmungsvollem Schwarzwaldpanorama gehören ein geheiztes Frei- und Hallenbad sowie ein Reitstall mit Ponys und Islandpferden und diverse Sport- und Freizeitangebote für alle Altersgruppen. Auf dem fabelhaften Abenteuerspielplatz können Kinder Felsen erklimmen, eine Burg erobern, klettern, rutschen, schaukeln, sich verstecken und vieles mehr. In der Ferienzeit kommen Kino und Animation hinzu.

Dietzelbachstraße 6, 79244 Münstertal OT Untermünstertal,
Tel. +49 76 36/70 80, www.camping-muenstertal.de, ganzjährig
www.pincamp.de/wb1850

Fläche	11 ha
Standplätze Touristen	344
Dauercamper	1
Mietunterkünfte	4
Hunde	willkommen
WLAN	ja

DIE GEGEND ERLEBEN

AN EINEM LANGEN WOCHENENDE

Das **Freiburger Münster** ist eine besondere Kirche. Über 300 Jahre, konkret von 1200 bis 1513, dauerte es, bis sie fertig wurde. Begonnen wurde der Bau im romanischen Stil, wurde aber, je nach aktuellem Zeitgeschmack, gotisch und spätgotisch weitergebaut. Damit ist das Münster ein lebendiges Beispiel für ein über viele Generationen übergreifendes Projekt. Erst vor wenigen Jahren wurde der Name des Mannes wiederentdeckt, dem die Freiburger ihren weltbekannten und identitätsstiftenden Münsterturm zu verdanken haben. Erwin von Steinbach (ca. 1244–1318) hieß der Steinmetz und Baumeister. Er konstruierte den für seine Eleganz gerühmten, 116 m hohen und 1330 vollendeten Turm. Bereits im 19. Jahrhundert wurde er als schönster Turm auf Erden ausgezeichnet. Aus dem quadratisch massiven Sockel strebt in 37 m Höhe eine zunächst zwölfeckige, dann achteckige Galerie gen Himmel. Bis 70 m Höhe ist sie begehbar. Bei einer Führung des Münsters mit Besteigung des Turms erfährt man sehr viel Wissenswertes über die Entstehung, das luftige, in den Himmel strebende Maßwerk, die unzähligen Schätze im Inneren. Aber auch wer Münster und Turm nur von unten bewundert, kann sich der Meisterschaft und Faszination des mittelalterlichen Baus nicht entziehen.
Münsterplatz., 79098 Freiburg (Breisgau), www.freiburgermuenster.info

IN EINER WOCHE CAMPING

Im **Eble Uhrenpark** in Triberg findet man die Schwarzwälder Kuckucksuhr der Superlative. Als weltweit größte Uhr dieser Art ist sie auch nicht zu übersehen. Ihr Uhrwerk wurde im Maßstab 60 : 1 von einem Original-Uhrwerk nachgebaut, womit das zu besichtigende Innenleben der Uhr 60-mal größer als das einer herkömmlichen Kuckucksuhr ist. Der größte Raddurchmesser beträgt 2,6 m. Entsprechend schwer ist das von einem 8 m langen Pendel angetriebene, 4,5 mal 4,5 m große Uhrwerk: es wiegt 6 Tonnen! Alleine der Kuckuck ist 4,5 m lang und 150 kg schwer. Und natürlich sieht die Schwarzwälder Kuckucksuhr auch von außen aus wie eine solche, nur dass sie eben hausgroß ist. Eine funktionierende Uhr mit solchen Dimensionen versetzt Jung und Alt garantiert ins Staunen!
Schonachbach 27, 78098 Triberg, www.schwarzwaldimpressionen.de/zur-weltgrosten-kuckucksuhr-in-den-schwarzwald

Tief im Belchenmassiv liegt das uralte **Bergwerk Teufelsgrund**. Als erstes Besucherbergwerk im Schwarzwald vermittelt es eine über 1000 Jahre Bergbaugeschichte. 1970 wurde ein Teil der Anlage der Öffentlichkeit zugänglich gemacht. Ein etwa 600 m langer Stollen führt ebenerdig in den Berg. Gut ausgeleuchtet sieht man alte Bergbaugeräte und wird mit unterschiedlichen Mineralien vertraut gemacht. Dabei erkennt man die Di-

mensionen des hiesigen Abbaus. In weitere und tiefer liegende Stollen kann man zumindest Blicke werfen. Speziell, aber nicht nur, für Kinder wird im Stollen auch eine abenteuerliche Schatzsuche angeboten. Diese spezielle Kinderführung vermittelt das Thema Bergbau auf spielerische Art. Für Menschen mit Bronchialleiden wurde wegen der beschwerdelindernden staubfreien Luft ein Seitengang als Asthmastollen eingerichtet.
Mulden 71, 79244 Münstertal, April–Okt. Di, Do, Sa, So, Juli, Aug. zusätzl. Mi, Fr, www.besucherbergwerk-teufelsgrund.com

BEI EINEM AUSGEDEHNTEN CAMPINGURLAUB

Es gibt wohl kaum jemanden, der noch nicht von Schwarzwälder Kuckucksuhren gehört hat. Sie gehören in der Welt zu den bekanntesten Dingen, die diese Region hervorgebracht hat. Diese Kuckucksuhren sind Zeugnis reicher Tradition und handwerklichem Geschick sowie großem Ideenreichtum. Bereits im 18. Jahrhundert wurden die ersten Kuckucksuhren im Schwarzwald gefertigt. Heute sind sie, besonders in Asien und den USA, ein typisches Symbol für Deutschland.
Die **Deutsche Uhrenstraße** führt mitten durch den Schwarzwald mit seinen üppigen Wiesen, dichten Wälder und sauberen Bächen. Auf seinen 320 km passiert man traditionelle Bauernhöfe, beschauliche Dörfer und urige Gaststätten mit schmackhaften badischen Spezialitäten. An der Uhrenstraße liegen aber auch zahlreiche Uhrenmuseen und -fabriken. Sie vermitteln die Geschichte und Wissenswertes rund um diese außergewöhnlichen Uhren. Darüber hinaus kann man hautnah bei der Herstellung der Schwarzwalduhren mit dabei sein und diese nach Lust und Laune erwerben.
Allgemeine Infos zu Kuckucksuhren unter: www.kuckucksuhren-paradies.de.
Infos Deutsche Uhrenstraße: Winkelstraße 9, 78056 Villingen-Schwenningen, www.deutsche uhrenstrasse.de

Die Kuckucksuhr ist auf der ganzen Welt der Inbegriff des Schwarzwaldes.

HEGI FAMILIEN CAMPING | 30

Der Hegau wurde erstmals im 8. Jahrhundert erwähnt und kennzeichnet das Gebiet nordwestlich des Bodensees. Er ist ein uraltes, sanft hügeliges Kulturland, dessen Grenzen nicht genau festgelegt sind. Heute dominieren hier Landwirtschaft und kleine Siedlungen. So friedlich wie jetzt war es hier aber nicht immer. Sieben erloschene Vulkankegel, der größte davon der Hohentwiel bei Singen, zeugen noch von dieser unwirtlichen Ära.
Heute müssen sich Familien im ländlichen Hegau ihr Campingvergnügen mit einem blauen Drachen teilen. Hegi, so sein Name, ist das namensgebende Maskottchen für den Campingplatz. Er wacht darüber, dass sich kleine Gäste wohlfühlen. Für Badespaß sorgt neben dem naturnahen Espelsee ein lichtdurchflutetes Hallenbad. Der Campingplatz bietet eine perfekte Freizeit-Infrastruktur in lässiger Atmosphäre, ausgerichtet auf Familien mit Kindern bis etwa 12 Jahren.

An der Sonnenhalde 1, 78250 Tengen, Tel. +49 77 36/92 47-0,
www.hegi-camping.de, ganzjährig
www.pincamp.de/wb8250

Fläche	12 ha
Standplätze Touristen	175
Dauercamper	55
Mietunterkünfte	17
Hunde	erlaubt
WLAN	ja

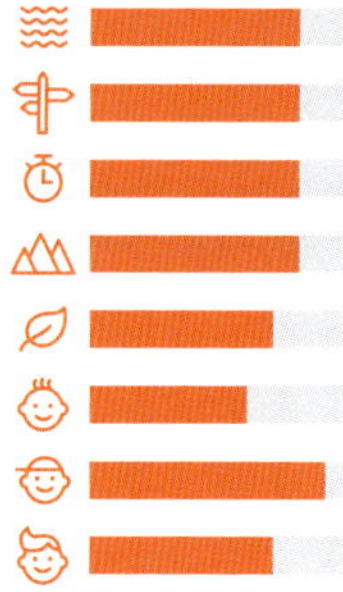

Fläche	8,5 ha
Standplätze Touristen	204
Dauercamper	30
Mietunterkünfte	74
Hunde	auf Anfrage
WLAN	ja

CAMPING- UND FERIENPARK ORSINGEN 31

Unweit vom Westufer des Bodensees, direkt an einem erfrischenden Wald, liegt der Camping- und Ferienpark Orsingen. Hier hat man sich auf Familien mit Kindern bis etwa 12 Jahren spezialisiert. An heißen Tagen verbringen Wasserratten am liebsten den ganzen Tag im beheizten Freibad mit seiner konstanten Wassertemperatur von 25 Grad. Hier können Sportbegeisterte ihre gewohnten 25-m-Bahnen schwimmen, während nebenan Hochbetrieb an der großen Wasserrutsche herrscht. Mehrmals während der Saison kann man direkt vor Ort die Prüfungen für den Tauchschein und Schwimmabzeichen ablegen. An der Rezeption liegen auch Vorschläge für Wanderrouten für jeden Schwierigkeitsgrad bereit. Zu Fuß lässt sich die Region besonders intensiv und entschleunigt kennenlernen.

Am Alten Sportplatz 8, 78359 Orsingen-Nenzingen, Tel. +49 77 74/92 37 87-0, www.camping-orsingen.de, ganzjährig
pincamp.de/wb7120

Für das während der Ferienzeiten angebotene Kinderprogramm zeichnet ein Schaf verantwortlich. Sein Name ist Orsi, und es ist das Maskottchen des Campingplatzes. Orsi kennt viele witzige und spannende Abenteuer, die Kindern Spaß machen. Spiele, Bastelkurse, Tanznachmittage und sogar Sport (Stichwort: Camperolympiade) und Minigolf stehen auf dem Programm.

DIE GEGEND ERLEBEN

AN EINEM LANGEN WOCHENENDE

Mit 23 m Höhe und 150 m Breite ist der **Rheinfall** einer der größten und wasserreichsten Wasserfälle Europas. Nur wenige Kilometer vom Bodensee entfernt, ist er die größte Attraktion der Region. Einst war der Rheinfall ein einkömmliches Hindernis für Schaffhausen. Ab dem 19. Jahrhundert wurde er zum touristischen Besuchermagneten. was nicht zum Nachteil Schaffhausens war, obwohl der »Rhyfall«, wie er auf Schwyzerdütsch heißt, rund 2,5 km flussabwärts auf dem Gebiet der Nachbargemeinde Neuhausen liegt.

Vor ca. 15 000 Jahren in der Würmeiszeit entstanden, jagen im Sommer pro Sekunde etwa 600 000 Liter Wasser über die Klippe. Von mehreren Plattformen genießt man einen faszinierenden Blick auf die donnernd nach unten tosenden Wassermassen.

Besonders spektakulär ist die Betrachtung des Wasserfalls aus seiner Mitte. Der größere der beiden Felsen lässt sich besteigen. Wobei man sich wundert, dass der Stein dem enormen Wasserdruck standhält. Schiffe bringen einen ans untere Ende des Felsens. Die Überfahrt dauert zwar nur kurz, ist aber doch mit einem nicht unerheblichen Anteil an Spannung begleitet. Da kann einem schon unheimlich werden, wenn ringsum die Wassermassen des Rheins wild toben.

Ein kleines Detail am Rande: Der Rheinfall liegt in der Schweiz, wo man bekanntlich mit dem Schweizer Franken eine eigene Währung hat. Rund um das Besucherzentrum des nördlichen Ufers, also dort, wo man den Rheinfall am besten beobachten kann, werden aber auch Euro akzeptiert.

Touristeninfo: Herrenacker 15, CH-8200 Schaffhausen, Tel. +41 52/632 40 20, www.schaffhauserland.ch/de

Parkplatz Rheinfall: Nohlstrasse 142, CH-8212 Neuhausen am Rheinfall, www.rheinfall.ch

IN EINER WOCHE CAMPING

Die ehemalige Gipfelburg und **Festung Hohentwiel** liegt auf dem höchsten Vulkankegel des Hegau, unweit der Stadt Singen. Einst war die Burg, die um 915 das erste Mal schriftlich erwähnt wurde, frühmittelalterlicher Herzogssitz. 1801 wurde die Anlage zerstört. Heute ist die Ruine mit ihrer Fläche von 9 ha die größte Burgruine Deutschlands. Damit ist sie zugleich auch eine der imposantesten. Durchwandert man die weitläufige Anlage und lässt der Fantasie freien Lauf, gewinnt man eine Vorstellung, wie das Leben einst an diesem Ort gewesen sein muss. Bei schönem Wetter wird man am Hohentwiel auch mit einer spektakulären Aussicht belohnt. Sie reicht bis zu Bodensee und weit in die Alpen bis zu den hohen, ständig schneebedeckten Gipfeln. Und spätestens dann weiß man, dass das wohl der schönste Aussichtspunkt ganz Baden-Württembergs sein muss.

Auf dem Hohentwiel 2a, 78224 Singen, ganzjährig geöffnet, www.festungsruine-hohentwiel.de

BEI EINEM AUSGEDEHNTEN CAMPINGURLAUB

Ein Erlebnis für Freunde der Technikgeschichte ist die 1890 fertiggestellte **»Sauschwänzlebahn«**. Auf ihr erlebt man zudem nostalgisches Flair, umgeben von wunderschöner Natur. Die 25 km lange Strecke führt von Blumberg-Zollhaus nach Weizen. Dabei sind vier Brücken und sechs Tunnel zu überwinden. Sauschwänzlebahn heißt sie wegen der vielen Kringel, die der Streckenverlauf beschreibt. Darunter ist auch ein Kreiskehrtunnel von 1,7 km Länge, womit er der zweitlängste seiner Art in Europa ist. Die Bahn ist ein Meisterwerk der Ingenieurskunst und macht dank seiner abwechslungsreichen Streckenführung so richtig Spaß. Tolle Blicke in die Täler und die Umgebung tun sich auf – bei gutem Wetter sogar bis in die Alpen. Und zu alledem das Feeling, so zu

Der Rheinfall bei Schaffhausen ist eines der beeindruckendsten Naturschauspiele in ganz Europa. Zu Land und auf dem Wasser kann es aus nächster Nähe erlebt werden.

reisen wie unsere Groß- oder Urgroßeltern. Mit restaurierten Dampfloks und Waggons verkehrt die Museumsbahn zwischen Mai und Oktober. Während der Sommermonate werden Dampfsonderfahrten gewöhnlich von Donnerstag bis Sonntag veranstaltet. Ergänzt wird das Erlebnis durch das Bahnmuseum im ehemaligen Güterschuppen des Bahnhofs Blumberg-Zollhaus mit zahlreichen Exponaten aus der Geschichte der Bahn.
Bahnhofstraße 1, 78176 Blumberg, Mai–Okt., Fahrzeiten siehe Homepage, www.sauschwaenzlebahn.de

Im Weilergraben bei Stühlingen-Blumegg steht eine der ältesten, nahezu vollständig erhaltenen **Gipsmühlen** Deutschlands. Sie besitzt drei Mühlräder und fünf Mahl- und Stampfwerke. Ihre Antriebstechnik macht sie zu einer einzigartigen Rarität. Die Mühle diente zum Mahlen von Getreide und Ölfrüchten. Früchte und Knochen wurden gestampft, Gipsgestein zu Düngegips zermahlen. Die Entstehungsgeschichte der Mühle reicht bis ins 14. Jahrhundert zurück.
Konstantin-Fehrenbach-Straße 2, 79848 Bonndorf, Öffnungszeiten siehe www.museumsmühle.de

Die liebevoll restaurierten Waggons und Dampfloks der »Sauschwänzlebahn« transportieren ihre Gäste über die kurvenreiche und reizvolle Strecke von Blumberg-Zollhaus nach Weizen.

Hegi Familien Camping

Hegau Camping GmbH
An der Sonnenhalde 1
78250 Tengen
+49 (0) 77 36 / 92 47 - 0
info@hegau-camping.de
www.hegau-camping.de

FÜNF STERNE, SPIEL & SPASS

Mitten im Hegau, ganz im Süden Deutschlands und dicht an der Grenze zur Schweiz finden Sie alles, was Sie von einem familientauglichen Camping-Park erwarten: www.hegi-camping.de

CAMPINGPARK GITZENWEILER HOF 9|32

Die Bodenseeregion ist eine ganz besondere Gegend. Nicht nur, dass hier mehrere Landschaften zusammentreffen, im Norden sanftes Hügelland und im Süden die Alpen. Hier ist auch eine länderübergreifende Zusammengehörigkeit entstanden. Hier bilden Deutsche, Österreicher und Schweizer eine Gemeinschaft. Der Bodensee trennt eben nicht nur, er verbindet auch.
In hügeliger Landschaft am Waldrand, umgeben von Wiesen mit alten Bäumen, ist ein Elefant allgegenwärtig. »Fany« ist sein Name. Er ist das Maskottchen des »Gitz«, so wie sich der Campingplatz in Kurzform nennt. Im Kinderwaschland steht er sogar mannshoch als Dusche. Aus Rüssel und Armen kommt der Wasserstrahl. Die Waschbecken wachsen aus Bäumen, und ein Tipi-Zelt dient als WC.
Mit großzügig angelegten Spielplätzen, Kanu- und Floßweiher, Streichelzoo, Ponyhof, Sportanlagen, Jugendraum und einem beheizten Pool ist viel geboten. Von Ende April bis Ende September gibt es auch abwechslungsreiche Animationsprogramme.

Gitzenweiler 88, 88131 Lindau OT Oberreitnau,
Tel. +49 83 82/94 94-0, www.gitzenweiler-hof.de,
ganzjährig
www.pincamp.de/sb3500

Fläche	14 ha
Standplätze Touristen	340
Dauercamper	310
Mietunterkünfte	53
Hunde	erlaubt
WLAN	ja, kostenpflichtig

Besonders schön ist, dass hier sinnvolle Action geboten wird. Ein Tauch- oder Reitkurs kann etwa der Einstieg in ein faszinierendes Hobby sein, das einen über Jahrzehnte begleitet. Es lassen sich auch Fahrräder leihen, um damit ganz umweltfreundlich das nahe Lindau zu besuchen oder um einfach die Umgebung zu erkunden.

CAMPINGPLATZ HORN 33

Gegenüber der Insel Reichenau ragt eine Halbinsel in den unteren Bodensee, die Höri. An deren Spitze, Kap Horn genannt, befindet sich der schöne Campingplatz und das Strandbad der Gemeinde Gaienhofen in sehr ruhiger und aussichtsreicher Lage.

Dieser Platz hebt sich grundlegend von anderen Campingplätzen ab. Denn hier werden Wohnwagen, Wohnmobile und Zelte in 17 kreisförmigen Nachbarschaften auf dem Wiesengelände aufgestellt. Rund 12 Fahrzeuge und Zelte versammeln sich so, einer Wagenburg gleichend, um einen zentralen Freiraum. Das schafft individuellen Freiraum, Wohlfühlatmosphäre, und in der Mitte haben die Kinder genügend Platz für Freizeitaktivitäten aller Art. Autos müssen zudem außerhalb des Platzes abgestellt werden. Das sorgt für zusätzliche Ruhe auf dem Gelände. Neben Spiel- und Sportmöglichkeiten wird während der Sommermonate für Kinder und Jugendliche ein spezielles Animationsprogramm geboten. Und natürlich lockt stets das schöne Strandbad mit Steg und Schwimminsel.

Strandweg 3–18, 78343 Gaienhofen OT Horn, Tel. +49 77 35/685,
www.campingplatz-horn.de, eine Woche vor Ostern–Anf. Okt.
www.pincamp.de/wb8550

Fläche	6 ha
Standplätze Touristen	175
Dauercamper	85
Mietunterkünfte	2
Hunde	bedingt erlaubt
WLAN	ja

CAMPING PARK GOHREN AM SEE 34

Kleine Dörfer und beschauliche Städtchen säumen das Nordufer des östlichen Bodensees und den Bereich dahinter. Traditioneller baden-württembergischer Baustil ist allgegenwärtig. Uferpromenaden oder begehbare Uferstreifen laden zum Flanieren ein, oder man lässt das gewaltige Panorama einfach auf sich wirken. Richtung Osten kann man das nahe Bregenz mit seinem Hausberg, dem Pfänder, erkennen, und in Richtung Süden, auf Schweizer Seite, tut sich das gewaltige Alpenpanorama auf. Über allem thront der über 2.500 m hohe Säntis. In unmittelbarer Nähe zu den Jacht- bzw. Seglerhäfen von Langenargen und Kressbronn liegt der größte Campingplatz am Bodensee. Er bietet eine günstige Lage für zahlreiche Freizeitaktivitäten. Der Bodenseeradweg führt direkt am Gelände vorbei. Fahrräder werden vor Ort vermietet. Daneben bietet der Platz Spiel- und Sportplätze, Ponykutschen oder Bootsfahrten, Streichelzoo und Trampolin. Im Sommer kommt ein vielfältiges Ferienveranstaltungsprogramm hinzu.

Zum Seglerhafen, 88079 Kressbronn OT Gohren, Tel. +49 75 43/60 59-0,
www.campingplatz-gohren.de, Woche vor Ostern–Mitte Okt.
www.pincamp.de/wb9550

Fläche	32 ha
Standplätze Touristen	850
Dauercamper	980
Mietunterkünfte	39
Hunde	willkommen
WLAN	teilweise, kostenpflichtig

Es muss nicht immer der Pazifik oder das Rote Meer sein. Tauchen lässt sich auch in heimischen Gewässern vorzüglich. Auch der Bodensee ist ein attraktives Revier für Unterwassersportler. Auf dem Tauchzentrum am Freizeitgelände kann die benötigte Ausrüstung ausgeborgt werden. Außerdem werden Tauchkurse für Neulinge angeboten. Das Mindestalter fürs Schnuppertauchen beträgt 8 Jahre.

DIE GEGEND ERLEBEN

AN EINEM LANGEN WOCHENENDE

Die **Blumeninsel Mainau** ist einer der Hauptanziehungspunkte der Region. Trotz touristischer Erschließung gibt weiterhin die Natur den Rhythmus vor. Im Frühling sind es die blühenden Orchideen, Tulpen und Narzissen, im Sommer bildet die Blüte der 1200 Rosenarten einen Höhepunkt des Mainau-Jahres. Im Herbst ist neben den prächtigen Dahlien das Arboretum mit 250 Baumarten bunt gefärbt. Und selbst im Winter gibt es etwas zu sehen. Zum einen sind es winterblühende Gehölze wie Zaubernuss und Winterjasmin, zum anderen das Schmetterlingshaus mit unzähligen Faltern.
Inselbesuch ganzjährig von Sonnenaufgang bis Sonnenuntergang möglich, www.mainau.de

Konstanz, die größte Stadt am Bodensee, ist reich an Geschichte. Seine Wurzeln reichen zurück bis in die Antike. In Stein gewordene Zeugnisse der Vergangenheit sind heute noch in der historischen Innenstadt sichtbar. Die Altstadt befindet sich südlich des Rheins und somit eigentlich auf der Schweizer Seite. Dennoch gehört die Stadt zur Gänze zu Deutschland. Bei einem Spaziergang trifft man auf mittelalterliche Bürgerhäuser, sakrale Bauten und klassizistische Architektur. Sehenswert ist auch das Konstanzer Münster. Es geht auf das 7. Jahrhundert zurück und zählt zu den größten romanischen Kirchen Süddeutschlands. Lohnenswert ist ein Aufstieg auf den Turm, von dem man einen tollen Rundumblick auf die Umgebung genießt.
Touristeninfo: Bahnhofsplatz 43, 78462 Konstanz, www.konstanz-tourismus.de

IN EINER WOCHE CAMPING

Friedrichshafen ist ein geschichtsträchtiger Ort für die Luftfahrt. Hier baute Ferdinand Graf von Zeppelin ab 1898 sein erstes Luftschiff. Dieses erhob sich am 2. Juli 1900 vor den Augen von 12 000 Zuschauern in die Lüfte – über drei Jahre, bevor die Brüder Wright erstmals ein Flugzeug in die Lüfte brachten. In Friedrichshafen wurde auch die Hindenburg gebaut, die 1937 beim Landeanflug in den USA ein tragisches Ende nahm. Es war das größte je gebaute Luftschiff. Ihm ist breiter Raum im **Zeppelin Museum** gewidmet. Es ist sogar teilweise in Originalgröße nachgebaut, und man kann den Passagierbereich hautnah erleben. Über 1500 Originalexponate, Ton-, Bild- und Filmaufnahmen erzählen die Geschichte der Luftschiffe. Friedrichshafen lädt zudem zu einem Stadtbummel durch das historische Zentrum und entlang der Promenade ein. Vor allem der Bereich des Jachthafens bietet schöne Aussichten. Den besten Rundumblick hat man vom Moleturm.
Zeppelin Museum: Seestraße 22, 88045 Friedrichshafen, Mai–Okt. tgl., Nov.–April Di–So, www.zeppelin-museum.de

Ravensburger, die bekannte Spielemarke, betreibt seit 1998 einen Freizeitpark. Hier gibt es Spiel-Hits wie »Das verrückte Labyrinth« im XXL-Format, dazu Themenwelten, Rafting, Schokoland, eine Kinder-Fahrschule sowie ein Stelldichein mit Maus, Elefant und Käpt'n Blaubär. Die Attraktionen des Parks richten sich speziell an kleine Kinder.
Am Hangenwald 1, 88074 Meckenbeuren OT Liebenau, April–Okt., Öffnungszeiten siehe Homepage, www.spieleland.de

BEI EINEM AUSGEDEHNTEN CAMPINGURLAUB

In den Ferien vielleicht ein etwas heikles Thema, aber das **Schulmuseum** hat viel Spannendes zu bieten. Es wartet eine spielerische Zeitreise in die Schulstuben vergangener Jahrhunderte. Was war früher drin im Ranzen? Lernten Mädchen und Jungen dasselbe? Was haben Kinder damals nach der Schule gemacht? Im Museumsshop gibt es Schiefertafeln und Schwammdöschen zu erwerben.
Friedrichstraße 14, 88045 Friedrichshafen, April–Okt. tgl., Nov.–März Di–So, www.schulmuseum.friedrichshafen.de

Die **Meersburg** über dem Bodensee wurde im 7. Jahrhundert von den Merowingern begründet. Im Laufe über eines Jahrtausends blieb der Burgcharakter bestehen. Es gibt nach wie vor einen Rittersaal, unterirdische Tunnel, Türme und eine Folterkammer. Die Besichtigung von alten Gemäuern soll für Kinder langweilig sein? Nicht so in Burg Meersburg, wo sich die Kleinen wie Ritter verkleiden können. Im Rittershop gibt es bunte Ritterkostüme, Dekorationswaffen, Kinderholzschwerter und Kinderbücher.
Schlossplatz 10, 88709 Meersburg, ganzjährig geöffnet, www.burg-meersburg.de

Die Meersburg und der gleichnamige Ort sind idealer Ausgangspunkt, um den Bodensee mit seinen zahlreiche Natur- und Kulturdenkmälern zu entdecken.

CAMPING MANOR FARM 1 35

Was für eine grandiose Aussicht! Vom Ostufer des tiefblauen Thurnersees tut sich der Blick auf die mächtigen Drei- und Viertausender des Berner Oberlands auf. Eiger (3970 m), Mönch (4107 m) und Jungfrau (4158 m) grüßen ins Tal.

Am kristallklaren See gibt es gleich mehrere schöne Badestellen sowie diverse Wassersportmöglichkeiten. Der Flachwasserbereich des Thunersees ist allerdings relativ schmal, womit er eher nichts für Nichtschwimmer ist. Diese finden im rund 3 km entfernten Frei- und Hallenbad Bödeli sicheres Badevergnügen. Im Campingpreis ist der Eintritt ins Bad ebenso enthalten wie die Nutzung von Ortsbus und Linienschiff. Beide Haltestellen befinden sich am Platz. Dieser erstreckt sich beiderseits der Uferstraße. Beide Teile sind durch einen Fußgängertunnel miteinander verbunden. Ein schattig angelegtes Planschbecken sorgt bei Kleinkindern für Badefreuden. Die etwas Größeren werden sich eher am Spielplatz und dem Animationsprogramm erfreuen.

Seestrasse 203, CH-3800 Unterseen OT Neuhaus (Interlaken), Tel. +41 33/822 22 64, www.manorfarm.ch, ganzjährig
www.pincamp.de/be3500

Fläche	8 ha
Standplätze Touristen	280
Dauercamper	130
Mietunterkünfte	92
Hunde	erlaubt
WLAN	teilweise

Nur wenige Kilometer vom Campingplatz entfernt liegt Bönigen am Brienzersee. Dieser lädt ebenfalls zum Baden ein, traumhafte hochalpine Kulisse inklusive. Unmittelbar am Ufer befindet sich auch das Frei- und Strandbad. Ist einem das erfrischende Seewasser doch zu kalt, kann man sich in den beheizten Pools und 25-m-Sportbecken auch wieder aufwärmen.

Fläche	3,5 ha
Standplätze Touristen	180
Dauercamper	50
Mietunterkünfte	31
Hunde	erlaubt
WLAN	ja

CAMPING AAREGG 36

Eingebettet zwischen den Emmentaler und Berner Alpen befindet sich der malerisch gelegene Brienzersee. Er zählt zu den saubersten Seen in der Schweiz. Sein Wasser ist glasklar und türkisfarben. Von seiner Ostseite genießt man einen einmaligen Blick auf den See und die Bergwelt der Drei- bis Viertausender. Vor allem um die Zeit des Sonnenuntergangs präsentiert sich die Landschaft in ihrem schönsten Bild.
Der recht überschaubare Campingplatz liegt auf einer kleinen Halbinsel am Ostufer des Sees. Damit geht es hier auch ein Stück flach ins Wasser – ideal zum Baden und Planschen. Für Action sorgt eine aufblasbare Badeinsel mit Rutsche und Klettermöglichkeiten. Selbstverständlich darf auch ein bestens ausgestatteter Spielplatz mit Trampolin und Co. nicht fehlen, ebensowenig wie ein abwechslungsreiches Animationsprogramm.

Seestrasse 22, CH-3855 Brienz,
Tel. +41 33/951 18 43, www.aaregg.ch,
Anf. April–Ende Okt.
www.pincamp.de/be4200

Mit Blick auf Jungfrau, Eiger und Co. bietet diese Region eines der schönsten Bergpanoramen, das man sich wünschen kann. Sie machen Lust auf mehr. Etwa, indem man einen der umliegenden Berge oder eine bequem zu erreichende Alm ansteuert oder indem man ein kurzes Stück direkt zu den ganz großen Bergen fährt. Da ist dann das Panorama noch beeindruckender.

DIE GEGEND ERLEBEN

AN EINEM LANGEN WOCHENENDE

Wie ein Fjord liegt der 14 km lange Brienzersee eingebettet zwischen mächtigen Flanken. Vom Wasserspiegel auf 564 m steigen die Hänge unmittelbar hinauf zu den Bergketten. Auf beiden Seiten ragen sie bis weit über 2000 m Höhe empor und unter dem Wasser bis in 259 m Tiefe. Fünf Schiffe sind im Einsatz. Absolutes Schmuckstück ist der **Schaufelraddampfer Lötschberg** aus dem Jahr 1914.
Auf der Fahrt entdeckt man unzählige Wasserfälle, die sich in den See ergießen. Am eindrucksvollsten sind die Giessbachfälle. Sie stürzen in 14 Stufen über 500 m hinunter. Wer von der Schiffsanlegestelle am Fuß der Wasserfälle gut 100 m aufsteigt, sieht sie vom wunderschönen und prächtig gelegenen, 1875 erbauten Grand Hotel Giessbach aus der ersten Reihe. Mit der ältesten Standseilbahn Europas, die bereits im Jahr 1879 eröffnet wurde, schafft man den Aufstieg zum Hotel übrigens in 5 Minuten. Zurück nach Bönigen empfiehlt sich der beliebte 12-km-Wanderweg entlang des Südufers des Brienzersees mit schönen Ausblicken.
Alternativ bietet sich an, von den Anlegestellen Interlaken Ost oder Bönigen zu starten und per Schiff nach Brienz und wieder zurückzufahren. Während der rund 3 Stunden Fahrzeit hat man ausreichend Gelegenheiten, die Natur und das fantastische Panorama ringsum aus allen erdenklichen Blickwinkeln in aller Ruhe auf sich einwirken zu lassen.
BLS Schifffahrt Berner Oberland, Lachenweg 19, CH-3604 Thun, Tel. +41 58/327 48 11, www.bls.ch

Die **Jungfraubahn** im Berner Oberland ist eine Bahn der Superlative unter den Bergbahnen. Sie führt die Reisenden nicht nur zum höchstgelegenen Bahnhof Europas. Auf ihrer nur knapp über 9 km langen Strecke überwindet die Zahnradbahn an die 1400 Höhenmeter. Wobei sie Steigungen bis zu 250 Promille bewältigt. Der Bau der Bahn erfolgte 1896 bis 1912 in mehreren Etappen. Die Strecke führt nur die unteren 2 km im Freien.
Da ihre Talstation am Kleinen Scheideck mit 2061 Höhenmetern bereits weit über der Baumgrenze liegt, führt sie von Beginn an durch die raue und atemberaubende Hochgebirgslandschaft rund um den Eiger. Unmittelbar vor der Einfahrt in den Tunnel befindet sich die 2320 m hoch gelegene Station Eigergletscher. Zu den Besonderheiten der Bahn zählt das Stollenloch bei Streckenkilometer 3,8. Nach nur wenigen Schritten steht man mitten in der Eiger Nordwand. Da sich hier keine reguläre Haltestelle befindet, bleibt der Zug nur für geführte und entsprechend ausgerüstete Reisegruppen stehen.
In diesem Bereich spielte sich übrigens 1936 die berühmte und verfilmte Tragödie bei der Erstbesteigung der Eiger Nordwand durch eine deutsch-österreichische Seilschaft ab.
Für alle Bahnreisende zugänglich ist indes eine Aussichtsplattform unmittelbar bei der 2864 m hoch gelegenen Tunnelstation Eiger-

wand. Sie erlaubt Touristen die extrem anspruchsvolle Eiger Nordwand hautnah zu erleben. Einen zweiten Blick ins Freie erlaubt die 3158 m hoch gelegene Station Eismeer. In der 3454 m hoch gelegenen Tunnelstation Jungfraujoch hat die Bahn ihren Endpunkt erreicht. Hier gelangt man wieder ins Freie, wo man sich vom Anblick des mit 22,7 km längsten Gletschers der Alpen, dem Aletschgletscher, verzaubern lassen kann. Weiter gibt es hier die höchstgelegene Poststelle Europas und mehrere Restaurants. Ursprünglich sollte die Bahn bis zum Gipfel führen. Für den Weiterbau fehlte aber das Geld. Eine Fahrt mit dieser spektakulären Zahnradbahn dauert 52 Minuten.
Touristeninfo: Höhenweg 35, 3800 Interlaken, www.jungfrau.ch/de-ch

Den wohl schönsten Blick auf das Dreigestirn der mächtigen Berner Bergriesen – Eiger (3970 m), Mönch (4107 m) und Jungfrau (4158 m) – hat man von der Schynigen Platte. Zu ihr gelangt man zunächst ab dem Bahnhof Wilderswil mit der **Zahnradbahn** 7,3 km hoch bis zur Endstation Schnydige Platte auf 1967 m Höhe.
Alleine die Fahrt mit der Bahn ist durch ihre abenteuerliche Steckenführung mit zahllosen grandiosen Aussichten ein außergewöhnliches Erlebnis. Beim Bergrestaurant oberhalb der Endstation beginnt ein Panoramaweg zum Aussichtspunkt Tuba und weiter zum 2069 m hohen Oberberghorn. Nach etwa 1,5 Stunden erreicht man wieder die Bergstation. Vor der Talfahrt sollte man einen Besuch des Alpengartens nicht versäumen. Es blüht dort ab Ende Mai, aber am schönsten ist er aber von Mitte Juni bis Mitte August.
Bahnhof: 3812 Wilderswil, www.jungfrau.ch

IN EINER WOCHE CAMPING

Östlich von Brienz hat sich die Aare eine Klamm von spektakulären Ausmaßen gegraben. 1400 m lang und bis zu 200 m tief ist die Schlucht. An ihrer engsten Stelle ist sie nur 1 m breit, während die höchste Seitenwand 180 m hoch über den Fluss ragt. Bereits 1888 wurde die **Aareschlucht** für die Öffentlichkeit gangbar gemacht und sofort zum touristischen Hotspot. Gerüchte, dass in der Schlucht ein Tatzelwurm zu Hause ist, wollen bis heute nicht verstummen.
April/Mai–Okt., www.aareschlucht.ch

Das **Freilichtmuseum Ballenberg** verfügt über eine Sammlung von rund 110 traditionellen ländlichen Bauten aus allen Schweizer Landesteilen. Der Landschaftspark, auf dem das Freilichtmuseum entstanden ist, umfasst 660 000 m². Hier sieht man, wie die Schweizer vom 14. bis ins 19. Jahrhundert lebten und arbeiteten. Neben stattlichen Bauernhäusern sind auch Bauten der Tagelöhner, Alpsiedlungen, Ställe, Scheunen und Speicher sowie Dörröfen und Waschhäuschen, alte Werkstätten und Schmieden zu sehen. An ihren alten Standorten konnten die Häuser nicht erhalten werden, deshalb wurden sie fachgerecht abgetragen und, regional gegliedert, in neuen Ensembles wiederaufgebaut. Ihre Küchen, Kammern und Wohnstuben vermitteln Einblicke in den ländlichen Alltag. Vor den Gebäuden wurden nach historischen Vorbildern Bauerngärten, Acker und Weiden angelegt. Zudem sind Handwerker anzutreffen, die mit alten Werkzeugen traditionelle Arbeiten ausführen. So kann man

nicht nur quasi zu Fuß durch die Schweiz spazieren, sondern auch ihre Lebensweisen in der Vergangenheit hautnah erleben.
Museumsstr. 100, CH-3858 Hofstetten bei Brienz, Anfang April–Okt., www.ballenberg.ch

BEI EINEM AUSGEDEHNTEN CAMPINGURLAUB

Das zauberhafte **Schloss Oberhofen** ist knapp 5 km hinter Thun am östlichen Ufer des Thunersees gelegen. Hier ein Turm, da ein Erker, fantasievolle Fassadenverzierungen und vor allem das kleine Seetürmchen mit dem spitzen Helm in das Wasser gebaut und über eine gedeckte Brücke mit dem Schloss verbunden. An die ehemalige Residenz ist eine reizende englische Parkanlage mit einem Laubengang aus Hainbuchen angegliedert. Heute laden von Mai bis Oktober ein Wohnmuseum mit Interieurs aus dem Mittelalter sowie ein orientalischer Rauchsalon zur Besichtigung ein.
Schloss, CH-3653 Oberhofen, www.schloss oberhofen.ch

Urner Fahnenschwinger und Alphornbläser begrüßen die Besucher im Freilichtmuseum Ballenberg. Im Hintergrund sieht man eines der rund 110 wiedererrichteten traditionellen Gebäude auf diesem Gelände.

CAMPING TAMARO RESORT 37

Südlich des Gotthardpasses ist im Tessin das italienische Flair unverkennbar. Kein Wunder, denn schließlich befindet man sich hier bereits in der italienischen Schweiz und die Grenze nach Bella Italia ist nah. So teilen sich beide Länder auch den Lago Maggiore, der gleichsam als Zeichen für den Übergang von hochalpinen Regionen bis ins Flachland gilt. Im Norden ist er umringt von imposanten Zweitausendern, und selbst 3000 m hohe Berge sind nah. Nach Süden hin werden die Gipfel niedriger und sanfter, sind schließlich nur noch Hügel. Und an seinem Südufer sind wir längst in der Poebene angelangt.
Am Nordufer des Lago Maggiore blickt man von Camping Tamaro den See entlang nach Italien und genießt ein traumhaftes Panorama. Aber natürlich ist der See nicht allein zum Anschauen da. Am Lido laden feiner Sand- bzw. Kiesstrand und eine weitläufige Liegewiese mit altem Baumbestand zu stimmungsvollen Badefreuden. Jung und Alt wird ein vielfältiges Animations- und Freizeitprogramm geboten, das von Yoga über Pizzabacken bis zum Segelkurs reicht.

Via Mappo 32, CH-6598 Tenero-Contra OT Tenero,
Tel. +41 91/745 21 61, www.campingtamaro.ch,
Anf. März–Anf. Nov.
www.pincamp.de/ti2750

Fläche	5 ha
Standplätze Touristen	290
Dauercamper	120
Mietunterkünfte	31
Hunde	nicht erlaubt
WLAN	ja

Das Wohl der Kinder liegt den Platzbetreibern besonders am Herzen. Während der Schulferien wird ein abwechslungsreiches Animationsprogramm angeboten. Da wird gemeinsam gemalt und musiziert, gebastelt, getöpfert, und sogar spannende wissenschaftliche Experimente stehen auf der Tagesordnung. Daneben erfreut sich der zentral gelegene Spielplatz mit Affenschaukel großer Beliebtheit.

CAMPOFELICE CAMPING VILLAGE 38

Wo die in ihrem Oberlauf so wilde Verzasca ganz zahm in den Lago Maggiore mündet, zieht sich ein fast 500 m langer, flacher und breiter Sandstrand vom See in die Flussmündung hinein. In dieser traumhaften Lage verbindet das wahrlich sehr große Camping Campofelice Schweizer Werte durchdachter, umfassender Organisiertheit und höchster Qualitätsansprüche mit südländischem Flair. Der Strand ist top gepflegt. Für kleine Kinder gibt es eine extra gesicherte Badezone. Am Bootshafen lassen sich diverse Wasserfahrzeuge vom SUP-Board bis zum kleinen Motorboot ausborgen. Sporteinrichtungen reichen von der Bocciabahn über die Mountainbike-Piste bis zu Tennisplätzen.
Nicht nur während der Sommermonate gibt es für alle Altergruppen eine Vielzahl von Sportkursen, Animations- und Freizeitveranstaltungen, zum Teil im wettersicheren Pavillon. Auch Livemusik, Film oder Sportübertragungen und Partys finden hier statt. Die Nachbarschaft zu einem Militär- und Privatflugplatz ist tagsüber gelegentlich zu hören.

Via alle Brere 7, CH-6598 Tenero-Contra OT Tenero,
Tel. +41 91/745 14 17, www.campofelice.ch, April–Okt.
www.pincamp.de/ti2500

Fläche	150 ha
Standplätze Touristen	600
Dauercamper	130
Mietunterkünfte	94
Hunde	nicht erlaubt
WLAN	ja, teilweise kostenpflichtig

65
1955
2020
★★★★★
campofelice
CAMPING VILLAGE
Quality.
Our Passion.
FAMILY
Destination
Swiss
Family
Hotel &
Lodging
ECO
CAMPING
campofelice.ch | Tenero · Ticino · Switzerland | +41 91 745 14 17

DIE GEGEND ERLEBEN

AN EINEM LANGEN WOCHENENDE

Ob es jetzt wirklich die Namen gebenden 100 Täler sind oder nicht, die man während der Fahrt sehen kann, landschaftlich sind die **Centovalli** über jede Statistik erhaben. Die 1923 hier eröffnete Schmalspurbahn führt zunächst in einen tiefen Taleinschnitt, der sich westlich von Locarno zur italienischen Grenze zieht. Von ihm zweigen viele kleinere und größere Seitentäler ab. Die wilde, ursprüngliche Berglandschaft mit üppiger Vegetation kann man ganz bequem im Sitzen bestaunen.
Auf der Strecke vom schweizerischen Locarno nach Domodossola in Italien führt die zu den spektakulärsten Eisenbahnstrecken in den Alpen gehörende Bahn über 83 Viadukte sowie durch 34 Tunnel und sehr viele enge Kehren. Entlang des allmählich schmäler werdenden Tals schlängelt sich die Bahn am Südhang nach Westen und gewinnt dabei fortwährend sanft an Höhe. Ihren höchsten Punkt mit 831 m Seehöhe erreicht die Centovalli bei Santa Maria Maggiore rund 6 km auf der italienischen Seite der Bahnlinie.
Die höchste Steigung von 60 Promille muss die Bahn nur wenige Kilometer vor der Endstation im 267 m hoch gelegenen Domodossola überwinden. Zur Bewältigung der gesamten Strecke benötigt die Centovallibahn rund 1 Stunde und 45 Minuten.
Bahnhof Locarno, Via della Statione, CH-6600 Muralto, www.centovalli.ch

Die Lage **Locarnos** am Lago Maggiore ist nicht nur außergewöhnlich schön, die Stadt profitiert auch vom mediterranen Klima mit seinen zumeist kurzen Wintern und dem schon früh ins Land ziehenden Frühling. Die Stadt wurde im 8. Jahrhundert erstmals urkundlich erwähnt und hat zahlreiche historische Bauten aufzuweisen. Daneben verzaubert Locarno durch sein südländisches Flair, das sich im allgemeinen Baustil über die Jahrhunderte hinweg durchzieht.
Zu den schönsten Sehenswürdigkeiten zählt das Castello Visconteo am Westrand der Altstadt. Die Burg wurde in der Zeit des 12. bis 16. Jahrhunderts errichtet und zählt heute zu den wichtigen nationalen Denkmälern der Schweiz.
Der heute erhaltene Teil macht nur noch ein Fünftel des ehemaligen Burgareals aus. In ihm ist das Museum für Geschichte und Archäologie untergebracht. Stimmungsvoll ist zudem die Piazza Sant'Antonio und die Piazza Grande. Besonders gut lässt sich das südländische Flair auch an der Promenade genießen. Vielleicht mit einem echten italienischen Eis?
Touristeninfo: Piazza Statione FFS, CH-6600 Locarno-Muralto, www.ascona-locarno.com

Eigentlich grenzt **Ascona** unmittelbar an Locarno an. Trotzdem versprüht die Stadt einen ganz eigenen Charme. Von der malerischen Promenade des Lago Maggiore betrachtet, schlängelt sich die Stadt den Hang empor, und es wirkt fast so, als wolle sie dem Treiben im historischen Zentrum mit seinen engen Gassen und bunten Häusern, Kirchen

Die Aussicht von Intragna auf den Fluss Melezza: eines der angeblich 100 Täler, denen die spektakuläre Schmalspurbahn ihren Namen Centovalli verdankt.

und dem kleinen Hafen zusehen. Palmen unterstreichen den südländischen Charakter der Ortschaft.
Der flache Sandstrand des Ascona Lido ist eine ideale Spielwiese für die Kleinen. Hier lässt es sich buddeln, Burgen bauen und einfach nur das warme, sanft an Tiefe gewinnende Wasser beim Planschen genießen. Mit einem Wort, ein Badeparadies für Eltern mit Kindern.
Aber damit nicht genug. Der Lido von Ascona, und zwar der gebührenpflichtige Teil, wartet mit einer Überraschung auf, die nicht nur Kinder und Jugendliche erfreut: eine 10 m hohe und 96 m lange Wasserrutsche. Auch ohne Sprösslinge ist es eine Freude, dort hinunterzurutschen.
Via Lido 81, CH-6612 Ascona, www.lidoascona.ch

IN EINER WOCHE CAMPING

Die **Falconeria** in Locarno vermittelt die faszinierende Welt der Greifvögel. Falken, Adler, Eulen, Geier, Marabus, Waldrappen und Störche lassen sich hier im freien Flug und aus nächster Nähe erleben, wenn sie dicht über die Köpfe der begeisterten Zuschauer hinwegsausen. Während der äußerst beeindruckenden Flugvorführungen der trainierten Vögel wird viel gelacht, gestaunt und applaudiert. Die Flugvorführungen dauern rund eine Stunde.
Via delle Scuole 12, CH-6600 Locarno, Mitte März–Anf. Nov. Di–So, Mitte Nov.–Anf. März. Mi–So, Termine Flugvorführungen siehe Homepage, www.falconeria.ch

Der **Monte Mottarone** liegt am südlichen Ende des Lago Maggiore und somit schon ein Stück in Italien. Ganze 1490 m ragt er zwischen dem Lago Maggiore und dem Lago d'Orta in die Höhe. Der Berg verspricht einen Ausblick, den man so schnell kein zweites Mal finden wird. Von ihm genießt man einmal eine perfekte Aussicht auf beide Seen, weite Täler sowie in Richtung Norden die faszinierende Welt der Alpen mit ihren schneebedeckten Drei- bis Viertausendern. Nach Süden hin breitet sich die Poebene aus.
Im Frühling und Herbst wird der Monte Mottarone gerne von Wanderern erklommen. Weitaus schneller, nämlich binnen 18 Minuten, geht es mit der 1970 errichteten Seilbahn direkt vom Ufer des Lago Maggiore in Stresa in alpine Höhen.
Seilbahn: Cableway Stresa Mottarone, Piazzale Lido 8, I-28838 Stresa, www.stresa-mottarone.it

Gleich drei Burgen und eine rund 500 m lange Wehrmauer hat **Bellinzona** zu bieten. Sie stammen aus dem 13. bis 15. Jahrhundert und gehören zu den beeindruckendsten und besterhaltenen Wehranlagen aus dem Mittelalter im gesamten Alpenraum. Sie alle sind UNESCO-Weltkulturerbe.
Castelgrande bildet das Zentrum der Wehranlagen von Bellinzona. Sie ist die älteste Burg. Ihr Bau nahm bereits im 4. Jahrhundert seinen Anfang. Ihre beiden mächtigen Türme, der 27 m hohe weiße und der 28 m hohe schwarze, prägen das Stadtbild. Umgeben ist die Burg von einer Ringmauer mit Zinnen. Eine mächtige Mauer verläuft zudem über rund 500 m zur Stadt hinunter. Die Burg ist über diese begehbare Mauer und über steile Gässchen erreichbar. Im Castelgrande ist ein historisches und archäologisches Museum untergebracht.

Das **Castello Montebello** entstand im späten 13. Jahrhundert. Die Burg liegt auf einem nicht besonders gut geschützten, 90 m hohen Hügel, in nicht einmal 400 m Abstand zu Castelgrande. Auch sie besitzt einen mächtigen Turm sowie einen imposanten Innenhof, eine mit Zinnen versehene Ringbefestigungsanlage und eine begehbare Verteidigungsmauer, die bis zur Stadt hinunterreicht. Montebello beherbergt ein archäologisches und das Stadtmuseum.
Erst im späten 15. Jahrhundert ist als letztes auch das Castello di Sasso Corbaro errichtet. Es liegt zwar in einer Linie zu den beiden anderen Burgen, aber hoch über ihnen und der Stadt. Zur Anlage gehören ein Haupt- und ein Wachturm.
Alle Burgen sind zu besichtigen. Die Burgen bieten herrliche Ausblicke, die an klaren Tagen bis zum Lago Maggiore reichen. Auch die Museen sind sehr lohnenswert.
Touristeninfo: Via Lugano 12, CH-6501 Bellinzona, Castelgrande ist ganzjährig geöffnet, die beiden anderen von Mitte März bis Anfang Nov., www.ticino.ch, www.bellinzonaturismo.ch

Der Uhu ist nur einer der zahlreichen Greifvögel, die in der Falconeria in Locarno bei ihren spektakulären Flugvorführungen bestaunt werden können.

CAMPING VITZNAU 39

Der Vierwaldstättersee liegt im Herzen der Schweiz, dort, wo das Alpenvorland allmählich ins Hochgebirge übergeht. Groß und verwinkelt ist der See mit Trinkwasserqualität. Man meint sich fast an einem norwegischen Fjord zu befinden. Nur das Klima ist hier ungleich milder. Der See kann mit einem der fünf historischen Schaufelraddampfer oder einem der modernen Motorschiffe erkundet werden. Dabei kann man auch seinen Blick über die ihn umgebenden Ausflugsberge schweifen lassen.
In der Nähe der schmalsten Stelle des Sees, dort, wo die drei Kantone Luzern, Schwyz und Nidwalden aufeinandertreffen, befindet sich auf terrassiertem Gelände der kleine Campingplatz. Prachtvolle Blicke auf den See und das hinreißende Bergpanorama sind garantiert. Das milde Klima, ein großer Spielplatz und der beheizte Pool machen die Anlage zum idealen Ferienziel für Kinder. Selbst der Strand des Vierwaldstättersees ist nah. Mit seinen bis zu 22 Grad mag er allerdings nicht der wärmste Badesee sein.

Altdorfstrasse, CH-6354 Vitznau, Tel. +41 41/397 12 80,
www.camping-vitznau.ch, Ende März–Anf. Okt.
www.pincamp.de/zs2100

Fläche	1,8 ha
Standplätze Touristen	85
Dauercamper	67
Mietunterkünfte	6
Hunde	erlaubt
WLAN	ja

Der Campingplatz setzt nicht auf Daueranimation, so wie manch anderer Platz. Hier wird Eigeninitiative großgeschrieben. Die Region bietet alles, was es für einen abwechslungsreichen Urlaub braucht. Bergwandern, Kanufahren, Ausflüge mit dem Schaufelraddampfer oder der Zahnradbahn sind nur einige wenige der vielen Optionen, die man hier hat.

CAMPING EIENWÄLDLI 40

Hier sind große Dreitausender, wie Titlis und Gross Spannort, unmittelbare Nachbarn. Sie sorgen gemeinsam mit vielen anderen Gipfeln für die atemberaubende Kulisse rund um Engelberg. An dessen Rand liegt, inmitten von Wiesen und umgeben von Bäumen, der Campingplatz Eienwäldli. Sich wohlfühlen hat man hier ganz oben auf die Fahnen geschrieben. Die Einrichtungen des Platzes entsprechen höchsten Anforderungen. Ferner sorgt die Anordnung der Stellplätze für einen besonders familiären Charakter. Für kindgerechte Abwechslung ist bestens gesorgt. Es gibt einen großen Abenteuerspielplatz mit Kletterturm und Rutschbahn, Spielsee mit Flößen und Sandkasten mit Wasserspielen. Im Juli und August wird zudem ein abwechslungsreiches Animationsprogramm geboten. Zu den ganz großen Highlights des Platzes zählt ein Felsen-Erlebnisbad. In diesem Hallenbad ist das Wasser nicht nur 32 Grad warm, hier findet man auch einen Wasserfall, Massagedüsen, Sprudelzonen, Dampf- und Regengrotte sowie ein Kinderbecken mit Rutschbahn.

Wasserfallstrasse 108, CH-6390 Engelberg, Tel. +41 41/637 19 49,
www.eienwaeldli.ch/de/camping, ganzjährig
www.pincamp.de/zs3600

Fläche	4 ha
Standplätze Touristen	121
Dauercamper	60
Mietunterkünfte	0
Hunde	erlaubt
WLAN	ja

DIE GEGEND ERLEBEN

IN EINER WOCHE CAMPING

Die **Vitznau-Rigi-Bahn** führt, wie schon ihr Name verrät, von Vitznau am Vierwaldstättersee auf die knapp 1800 m hohe Rigi. Von dem beliebten Ausflugsberg hat man eine grandiose Aussicht auf den See und die Zentralalpen. Die Rigibahn, wie sie früher genannt wurde, nahm 1871 ihren Betrieb auf, womit sie Europas erste Bergbahn war. Auf knapp 7 km Streckenlänge beträgt ihre Steigung bis zu 25 Prozent. Alleine die Fahrt nach oben ist schon ein Abenteuer für sich. Die Strecke windet sich durch steile, landwirtschaftlich genutzte Bergwiesen und -weiden hoch. Vorbei geht es an kleinen Weilern, durch Tunnel, über enge Schluchten und an abgelegenen Bergbauerngehöften vorbei. Immer höher hinauf führen die Gleise durch wildromantische Landschaften. Gleichzeitig wird das Panorama immer gigantischer. Die Endstation liegt auf 1752 m. Von hier sind es noch rund 45 m zur Spitze, von wo es fast senkrecht zum Zugersee runter geht. Das Panorama ist jedenfalls erste Sahne.
Die Rigibahn hat aber noch ein Highlight zu bieten, einen Bahnknotenpunkt auf 1603 m

Über dem malerischen Stadtpanorama von Luzern erhebt sich im Hintergrund der Gipfel des Pilatus – im Vordergrund die berühmte, nach einem Brand im Jahr 1993 wiedererrichtete Kapellbrücke.

Höhe bei der Station Rigi Staffel. Von dort kann man per Zahnradbahn, der Arth-Rigi-Bahn, auch über die Rigi nach Arth-Goldau, unweit des Zugersees, fahren.
Bahnhöfe: Obersdorfstrasse, CH-6354 Vitznau, Bahnhofstrasse CH-6410 Arth, Reiseinfos: www.rigi.ch/Bergbahnen/Rigi-Bahnen

Südlich von Luzern in der Schweiz erhebt sich das Pilatus-Bergmassiv, dessen höchster Punkt das Tomlishorn mit einer Höhe von 2.129 m ist. Auf den Pilatus führt die weltweit steilste Zahnradbahn. Sie nahm 1889 ihren Betrieb auf. Ihre steilsten Passagen liegen bei sagenhaften 48 Prozent. Die **Pilatusbahn** ist nur im Sommerhalbjahr in Betrieb. Sie öffnet ihre Pforten von Anfang Mai bis Mitte November.
Auf den 4,3 km überwindet die Pilatusbahn eine Höhendifferenz von 1.635 m. Bergauf wird mit einer Geschwindigkeit von 9 bis 12 km/h gefahren, woraus sich eine Fahrzeit von einer halben Stunde ergibt. Bergab benötigt die Bahn 40 Minuten bei konstanten 9 km/h. Gleich von der 440 m hoch gelegenen Talstation Alpnachstad beeindruckt die Pilatusbahn durch ihre enorme Steilheit. Während sich andere Bergbahnen mit rund 25 % in die Höhe schlängeln, flößt alleine die durchschnittliche Steigung der Bahn von 38 % Ehrfurcht ein. Sie erlaubt der Pilatusbahn auch, den direkten Weg, also steil nach oben, zu nehmen. Kurven oder Kehren braucht sie nicht. Zunächst führen die Gleise durch Wälder und Wiesen. Im oberen Drittel wurde die Trasse in die steile Felswand des Bergs geschlagen. Gerade Platz genug für Gleis und Zug. An der Seite geht es steil und weit hinunter. Nichts für Leute mit Höhenangst! Die Bergstation ist in 2073 m Höhe erreicht. Oben wird man mit einer genialen Aussicht belohnt, zum Beispiel auf Luzern, den Vierwaldstättersee oder die Schweizer Alpen. In Richtung Norden verliert sich der Blick in der Ferne, irgendwo dort, wo das flache Land und der Horizont ineinanderzufließen scheinen.
Brünigstrasse 2, CH-6053 Alpnach, www.pilatus.ch/entdecken/zahnradbahn

Die Kapellbrücke und der in ihrer Mitte gelegene achteckige Wasserturm sind das Wahrzeichen der Stadt **Luzern**. Sie stammt aus dem Jahr 1365 und ist rund 203 m lang. Damit ist sie die zweitlängste Holzbrücke Europas. Sie führt über den Fluss Reuss und wurde einst als Wehrgang gebaut. Im Giebel der Brücke befanden sich vor dem Brand von 1993 111 dreieckige Gemälde mit wichtigen Szenen der Schweizer Geschichte. In Luzern gibt es mit der Spreuerbrücke eine weitere historische Holzbrücke, die ebenfalls mit dreieckigen Bildern geschmückt ist. Das ist einmalig in Europa ist.
In der Nähe des linken Ufers befindet sich der achteckige Wasserturm. Er wurde um 1300 errichtet und diente unter anderem als Wachturm. Heute ist die Kapellbrücke nicht nur das beliebteste Fotomotiv der Stadt. Von ihr genießt man auch eine tolle Aussicht auf das historische Stadtzentrum, das sich am besten im Rahmen eines Rundgangs entdecken lässt.
Mit besonders schmucken Häusern wartet der Weinmarkt auf. An diesem Platz wurde 1332 die Schweiz aus der Taufe gehoben. Zu den weiteren Sehenswürdigkeiten zählen unter anderem die Museggmauer mit den Museggtürmen sowie die Matthäus- und Jesuitenkirche.
Touristeninfo: Zentralstrasse 5, CH-6002 Luzern, www.luzern.com

Die Strecke der ersten Bergbahn Europas von Vitznau zum beliebten Ausflugsberg Rigi kann heute noch mit einer historischen Eisenbahn befahren werden.

ALPENCAMPING NENZING 41

Vorarlberg, das ist der äußerste Westen Österreichs. Das ist dort, wo die Einheimischen einen für Fremde unverständlichen Dialekt sprechen, der kaum mehr als Deutsch zu identifizieren ist. Das ist aber auch dort, wo bis zu 3000 m hohe Gipfel das Leben bestimmen und wo man sich so inmitten der Zentralalpen fühlt, wie sonst kaum wo. Ganz große Kulisse eben.
Inmitten des Walgau, jenem Tal zwischen Feldkirch und Bludenz, liegt der Campingplatz auf einer Erhöhung in einer Waldlichtung, die sich in Terrassen den Hang hinaufzieht. Die Aussicht ist grandios: Von überall genießt man den weiten, gänzlich ungestörten Blick in die eindrucksvolle Bergkulisse des Vorarlberger Rätikon.
Die moderne Anlage lässt keine Wünsche offen, auch nicht im Spa- und Wellnessbereich, der mit eigenem, miteinander verbundenem Hallen- und Freibad aufwartet. Eine gute Möglichkeit zum Entspannen, besonders, wenn man zuvor in der einmaligen Bergwelt wandern oder mit dem Mountainbike unterwegs war.

Garfrenga 1, A-6710 Nenzing, Tel. +43 55 25/62 49 10,
www.alpencamping.at, ganzjährig
www.pincamp.de/vb0390

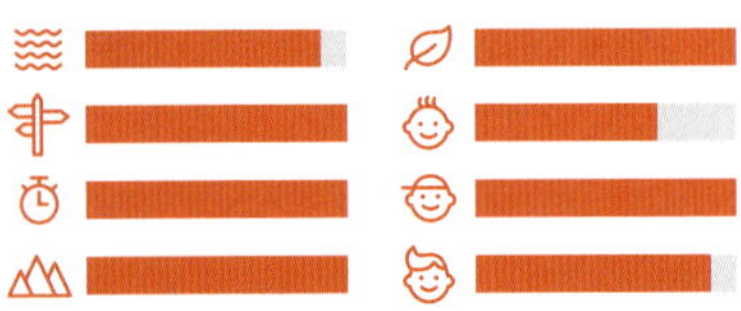

Fläche	3 ha
Standplätze Touristen	162
Dauercamper	20
Mietunterkünfte	94
Hunde	willkommen
WLAN	ja

Unter dem Motto »Kids zurück in die Natur« öffnet sich hier für Kinder und Jugendliche eine neue Welt voller Abenteuer und Vergnügungen. Hier werden Ausflüge in die Natur unternommen. Es geht rauf auf die Alm oder zu den Kühen in den Stall. Man kann an einem Kletterkurs teilnehmen oder im nahen Pferdehof reiten. Einen Spielplatz und Indianerwald gibt es auch und ein innovatives Animationsprogramm.

PANORAMA CAMPING SONNENBERG 42

Am Fünftälerstern gelegen, ist der Campingplatz ein idealer Ausgangspunkt für Ausflüge ins Große Walsertal, Klostertal und auf den Arlberg, das Montafon und zur Silvretta, dem Brandnertal und zum Lünersee sowie den Walgau und weiter zum Bodensee, nach Liechtenstein oder die Schweiz. Aktivitäten aller Art bieten sich hier an. An erster Stelle stehen freilich Wandern in unberührter Natur und Radfahren. In sehr sonniger und ruhiger Lage und doch auch in Stadtnähe, genießt man hier einen beeindruckenden Blick auf eine 3000 m hohe Gebirgskulisse. Und all das in absolut familiärer Atmosphäre eines kleinen, gepflegten Campingplatzes. Während der Saison wird sogar mehrmals pro Woche ein Kinderprogramm geboten. Daneben gibt es einen Spielplatz mit Seilbahn, eine Slackline, ein Trampolin und mehr.

Hinteroferstraße 12, A-6714 Nüziders, Tel. +43 55 52/640 35,
www.camping-sonnenberg.com, Mai–Ende Sept.
www.pincamp.de/vb0460

Fläche	1,9 ha
Standplätze Touristen	115
Dauercamper	0
Mietunterkünfte	2
Hunde	auf Anfrage
WLAN	ja

DIE GEGEND ERLEBEN

AN EINEM LANGEN WOCHENENDE

Der Raum um **Bregenz** ist ein historischer Siedlungsraum. Schon die Römer waren hier. Die heutige Stadt hat ihre Wurzeln um 1500. Bregenz ist die Landeshauptstadt Vorarlbergs und liegt am Ostufer des Bodensees, eingebettet in lieblicher Landschaft am nördlichen Rand der Alpen. Von der Stadt gelangt man mit der Seilbahn auf den Hausberg der Stadt, den 1064 m hohen Pfänder. Von ihm eröffnet sich ein faszinierender Ausblick auf den Bodensee, das Rheintal, Bregenz, Lindau, die Schweizer Alpenwelt und vieles mehr.
Das Stadtzentrum lässt sich bequem zu Fuß erkunden. Der Martinsturm wurde, wohl wegen seiner kolossalen Wirkung und seiner prachtvollen barocken Zwiebelkuppel, zum Wahrzeichen der Stadt. Auf ihn zu steigen lohnt sich gleich doppelt. Einmal weil der Turm, ebenso wie die Martinskapelle, nicht nur architektonisch sehenswert ist, sondern auch beeindruckende Fresken enthält. Die Aussicht vom etwas über der Stadt gelegenen Martinsturm ist phänomenal. Sehenswert sind ferner die Martinsgasse, die Stadtpfarrkirche St. Gallus und die Rathausstraße.
Das Kunsthaus Bregenz lohnt ebenfalls einen Besuch. Bregenz ist aber auch Festspielstadt. Beeindruckend ist die große Seebühne, auf der hochkarätige Aufführungen auf spektakulären Bühnenbauten unter freiem Himmel stattfinden. Während der Sommermonate werden rund um die Festspielzeit Führungen angeboten, die hinter die Kulissen des Theaterbetriebs blicken lassen. Führungstickets sind vorzubestellen.
Touristeninfo: Rathausstraße 35a, A-6900 Bregenz, www.bregenz.travel
Festspiele: Platz der Wiener Symphoniker 1, A-6900 Bregenz, www.bregenzerfestspiele.com

IN EINER WOCHE CAMPING

Bartholomäberg ist der Ort mit den meisten Sonnenstunden im Montafon und lädt zum Energietanken. Gleich oberhalb von Tschagguns erstreckt sich der Ort auf der sonnigen, wenig bewaldeten Bergflanke zwischen 600 und 1300 m Höhe mit seinen weit verstreuten Häusern. Schon vor 5000 Jahren dürften Menschen hier gelebt haben. Von der Bronzezeit bis weit über das Mittelalter hinaus holten sie Eisen, Kupfer und Silber aus dem Berg. Das behutsam restaurierte Bergwerk kann man besichtigen. Der Aufstieg zum Bergwerk oberhalb des Ortes dauert zu Fuß ca. 50 Minuten. Er beginnt bei der berühmten Hallenkirche St. Bartholomäus, einem barocken Wunderwerk mit herrlichen Altären. Darunter der gotische Knappenaltar von 1525 unter einer hölzernen Kassettendecke.
Touristeninfo: Bahnhofstraße 28, A-6780 Schruns, www.montafon.at/bartholomaeberg
Bergwerk: Knappagruaba 3, A-6781 Bartholomäberg, Mitte Juni–Mitte Okt. Mi, Fr, So, www.montafon.at/bergwerk

Die spektakulären Bühnenbauten – wie hier für Giuseppe Verdis »Rigoletto« – und die grandiose Naturkulisse sind das Markenzeichen der jährlich im Sommer stattfindenden Bregenzer Festspiele.

Das **Fürstentum Liechtenstein** ist ein kleines Land. Kaum ist man eingereist, ist man auch schon wieder durch. Liechtenstein ist nicht nur der Ort, wo manche Superreiche ihr Geld an der Steuer vorbeischleusen, es bietet auch zahlreiche reizvolle Sehenswürdigkeiten. An das Kleine, Kompakte muss man sich erst gewöhnen. So hat die Hauptstadt gerade einmal an die 5500 Einwohner. Beachtenswert sind etwa die Kathedrale St. Florin, das Kunstmuseum und das auf einer Felsterrasse gelegene Schloss Vaduz. Es ist der Sitz der Fürstenfamilie und kann nur von außen besichtigt werden. Die Aussicht über Vaduz, das Rheintal und die Berge ist jedenfalls den Aufstieg wert.
Weiter bietet sich ein Besuch in die Liechtensteiner Bergwelt an. Im Wanderparadies Malbun führt eine Seilbahn auf das rund 2000 m hohe Sareiserjoch. Es ist einer der schönsten Aussichtspunkte Liechtensteins, mit Blick auf das Liechtensteiner und Vorarlberger Berggebiet. Im Sommer ist das Sareis zudem ein guter Ausgangspunkt für schöne Wanderungen.
Touristeninfo: Städtle 39, FL-9490 Vaduz, www.tourismus.li, www.erlebevaduz.li
Bergbahnen Malbun: FL-9497 Malbun, www.bergbahnen.li

Im Herbst 2019 wurde der **Lünersee** zum schönsten Platz Österreichs gekürt. Er ist einer der größten Seen Vorarlbergs. Er liegt am Talende des Brandnertals und hat als unmittelbaren Nachbarn die 1907 m hohe Schesaplana und die Rätikon-Gebirgsgruppe. Bei Vollstau liegt sein Wasserspiegel auf 1970 m Höhe. Am bequemsten lässt sich der Stausee per Seilbahn erreichen. Zunächst geht es von Bludenz kommend eine Bergstraße bis auf 1568 m Höhe hinauf zur Talstation der Lünerseebahn. Sie führt 414 m hinauf und endet direkt am Stausee. Die Bergstation stellt für Naturliebhaber, Bergfans und Familien den Ausgangspunkt für zahlreiche Wanderungen dar. Bei einzigartigem hochalpinen Panorama und frischer Bergluft kann man zum Beispiel den Stausee auf einem gut ausgebauten, rund 5,5 km langen Wanderweg umrunden. Weiter bietet sich der Aufstieg auf die Schesaplana an. Selbst Petrijünger können am Lünersee ihre Angel auswerfen, vorausgesetzt, man hat eine Angel-Tageskarte erworben.
Lünerseebahn: Schattenlagant, A-6708 Brand, Mitte Mai–Mitte Sept., www.luenersee.at

BEI EINEM AUSGEDEHNTEN CAMPINGURLAUB

Einst war die **Bregenzerwald-Schmalspurbahn** 35 km lang. Ein riesiger Felssturz brachte 1980 das Aus für die Strecke. Zumindest der Teil zwischen Bezau und Schwarzenberg ist als Museumsbahn, liebevoll das Wälderbähnle genannt, erhalten geblieben. Sie erinnert an die gute Zeit der Schmalspurbahn. Heute ist das Wälderbähnle eine sorgsam gepflegte Nostalgiebahn. Sie verkehrt von Mitte Mai bis Mitte Oktober. Die historischen Züge werden auf der rund 5 km langen Strecke von Dampf- und Diesellokomotiven gezogen. Eine Fahrt dauert rund 20 Minuten. Auf Holzbänken sitzend, zuckelt man gemächlich durch die schöne Landschaft, vorbei am blumengeschmückten gründerzeitlichen Haltestellenhäuschen in Reutte, an der wildromantischen Bregenzerache entlang und über die 68 m lange Sporeneggbrücke. Unterwegs sorgt ein Buffetwagen für die

richtige Stärkung. In der Adventszeit werden auch Nikolausfahrten durchgeführt.
Bahnhof 147, A-6870 Bezau, Mitte Mai–Anf. Okt. Sa, So, Fahrzeiten siehe Homepage, www.waelderbaehnle.at

In einer ehemaligen Baumwollspinnerei aus dem Jahr 1862 befindet sich das **Rolls-Royce-Museum Dornbirn**. Hier haben Fans der berühmten Automarke Gelegenheit, die Prachtkarossen von Königen und Multimillionären aus nächster Nähe zu bewundern. Neben den bedeutenden Phantom-Modellen werden auch Motoren und Zubehörteile ausgestellt. Daneben kommt die Geschichte dieser Traditionsmarke nicht zu kurz. Beim Starten eines Motors oder beim Rangieren eines Fahrzeugs lässt sich der Spirit der Marke hautnah miterleben. Im Erdgeschoss wurde die Werkstatt von Sir F. H. Royce rekonstruiert. In einer Schauwerkstatt kann man dabei zusehen, wie automobile Raritäten restauriert werden. Neben Standardführungen werden auch ausführliche Highlight-Führungen angeboten. Anschließend stärkt man sich stilecht im English Tea Room.
Gütle 10, A-6850 Dornbirn, Öffnungszeiten siehe Homepage, www.rolls-royce-museum.at

Der Bartholomäberg in der Nähe von Schruns ist der Ort mit den meisten Sonnenstunden im Montafon. Da wundert es nicht, dass auch Mountainbiker die Gegend für sich entdeckt haben.

Das Karwendel zählt zu den besten Wandergebieten im Alpenraum. Bekannt ist es für seine unberührte Natur, in der man noch heute Steinböcke in freier Wildbahn beobachten kann und wo noch Steinadler durch die Lüfte schweben. Umgeben von traumhaften Urlaubslandschaften und, auf Tiroler Seite, bis über 2500 m hohen, wildromantischen Bergen, befindet sich der gemütliche Campingplatz unmittelbar am Tennsee. Von hier tut sich ein schöner Blick auf das Wettersteingebirge und die umliegenden Gipfel auf. Gesunde Luft und intakte Umwelt laden ein, die Umgebung zu erkunden – an erster Stelle freilich mit Wandern. Aber auch Radfahren und im Winter Lang- und Skilaufen bieten sich an. Das Rundum-Urlaubsgefühl am Tennsee ist echt. Er ist zwar kein Badesee, sondern ein sich harmonisch in die Landschaft einfügendes Biotop, aber dafür gibt es drei herrliche Badeseen in unmittelbarer Nähe.

Am Tennsee 1, 82494 Krün bei Garmisch-Partenkirchen OT Klais,
Tel. +49 88 25/17-0, www.camping-tennsee.de, Mitte Dez.–Anfang Nov.
www.pincamp.de/sb5500

Fläche	5,2 ha
Standplätze Touristen	268
Dauercamper	nein
Mietunterkünfte	nein
Hunde	erlaubt
WLAN	ja, kostenpflichtig

Beim Campingplatzeingang gibt es sogar eine Burg. Die ist aber weder bayerisch noch antik. Dafür ist sie mit reichlich Luft aufgepumpt und sorgt bei den Jüngsten für garantierten Hüpfspaß. Zudem wird ein abwechslungsreiches Programm für die ganze Familie geboten. Luftballonwettbewerbe, Spiel- und Bastelstunden, Besuche der Geisterklamm, Bogenschießen und Wanderungen sind nur einige der Highlights.

ZUGSPITZ RESORT 44

Die Zugspitze war seit jeher ein faszinierender Ort. Mit ihren 2962 m ist sie der höchste Berg Deutschlands. Die Tiroler mögen das anders sehen. Schließlich gehört der halbe Berg ihnen. Ungeachtet dessen ist die Zugspitze jedenfalls ein majestätisches Bergmassiv, das über den anderen Gipfeln thront. Es wurde zudem von beiden Seiten bestens erschlossen.
Ein gutes Stück oberhalb von Ehrwald befindet sich inmitten eines Waldes ein Campingresort der Extraklasse. Unmittelbar neben der Talstation der Tiroler Zugspitzbahn gelegen, bietet sich hier ein eindrucksvoller Anblick des Zugspitzmassivs aus nächster Nähe. An den Campingplatz ist ein Hotel-Resort angeschlossen, dessen Annehmlichkeiten, wie Hallen- und Freibad, Sauna und Wellnessbereich, ein großer zweistöckiger Indoor-Spielplatz, ein gut ausgestatteter Jugendraum sowie Freizeit- und Betreuungsangebote für Kinder ab 3 Jahren, auch Campern frei zugänglich sind. Fahrräder und Schlitten werden am Platz kostenlos verliehen, E-Mountainbikes kosten etwas.

Obermoos 1, A-6632 Ehrwald, Tel. +43 56 73/23 09,
www.zugspitz-resort.at, ganzjährig
www.pincamp.de/nt0870

Fläche	5 ha
Standplätze Touristen	115
Dauercamper	71
Mietunterkünfte	nein
Hunde	erlaubt
WLAN	ja

DIE GEGEND ERLEBEN

AN EINEM LANGEN WOCHENENDE

Die Tiroler waren die Ersten, die begannen, die **Zugspitze** zu erklimmen. 1926 eröffneten sie vom schmucken Ehrwald auf der österreichischen Seite des Wettersteingebirges die erste Bergbahn in Richtung des Zugspitzgipfels. Die technische Meisterleistung endete allerdings auf einem Grat unterhalb des Gipfels auf 2805 m Höhe. Das Zugspitzplatt konnte über einen 700 m langen Stollen erreicht werden. 1964 wurde das letzte Stück bis ganz nach oben mit der 250 m langen Zugspitz-Gipfelbahn erschlossen.
Seit 1991 führt die neu errichtete Tiroler Zugspitzbahn bis auf 2950 m Höhe direkt auf den Westgipfel. Bereits die Auffahrt in den 100 Personen fassenden Panorama-Kabinen ist ein Erlebnis. Nahezu lautlos gleitet man binnen 10 Minuten den Berg empor. Dabei wird ein Höhenunterschied von 1725 m überwunden. Bei gutem Wetter genießt man von oben einen Fernblick über vier Länder. Auf einer begehbaren Glasfläche kann man auch direkt in den steilen Abgrund blicken. Für besondere Erlebnisse sorgen die Sonnenaufgangsfahrten auf die Zugspitze, die noch bei Dunkelheit beginnen. Sie werden gewöhnlich während des Sommerhalbjahres an Sonntagen angeboten. Details sind der Homepage zu entnehmen.
Zugspitzbahn: Obermoos 1, A-6632 Ehrwald, Mitte Dez.–Mitte April, Ende Mai–Anf. Dez., www.zugspitze.at

2017 wurde die neue **Seilbahn** auf der bayerischen Seite der Zugspitze eröffnet. Sie ist eine Bahn der Superlative und sucht weltweit ihresgleichen. So besitzt sie mit 127 m Höhe die weltweit höchste Stahlbauspitze für Pendelbahnen. Sie überwindet einen Gesamthöhenunterschied von 1945 m. Auch das ist Weltrekord. Was einem aber vor allem den Atem raubt, sind die schwindelerregenden Tiefblicke, etwa hinunter zum Eibsee. Wenn man absolut schwindelfrei ist und kein Schnee liegt, kann man sich über den mit Seilen gesicherten kurzen Klettersteig hinüber zum eigentlichen Gipfel wagen. Man sollte diesen Ausflug allerdings nur bei gutem Wetter unternehmen, denn er ist alles andere als billig. Alternativ kann man die Zugspitze auch zu Fuß besteigen. Neben dem schwierigen Weg durch das Höllental bietet sich der einfachere, aber sehr lange durch das Reintal an. Beide Touren sind sagenhaft schön, aber keine Familienwanderungen.
Seefeldweg 1, 82491 Grainau OT Eibsee, www.zugspitze.de

IN EINER WOCHE CAMPING

Mit der **Ehrwalder Almbahn** gelangt man bequem in das Gebiet der Ehrwalder Alm. Im Sommer ist sie Ausgangspunkt zahlreicher Wanderungen. Eine der schönsten führt zum traumhaft gelegenen Seebensee in 1657 m Höhe und weiter zur Coburger Hütte. Im

Winter befindet sich hier ein Skigebiet zwischen 1100 und 1900 m Seehöhe.
Dr. Ludwig-Ganghofer-Straße 66, A-6632 Ehrwald, Mitte Dez.–Mitte April, Ende Mai–Anf. Dez., www.almbahn.at

Seit 1930 lässt sich der Sehnsuchtsort der Deutschen auch per **Zahnradbahn** erklimmen. Die Bayerische Zugspitzbahn nimmt in Garmisch ihren Anfang und führt zuerst über schöne Wiesen zum Eibsee. Dann geht es weiter durch den Bergwald mit herrlicher Aussicht zum Haltepunkt Riffelriss. Zuletzt geht es durch einen kilometerlangen Tunnel zur unterirdischen Endhaltestelle auf dem Zugspitzplatt in 2576 m Höhe. Für das letzte Stück zum Gipfel heißt es in die Gletscherbahn, eine Großkabinenbahn, umzusteigen. Mit der Bahn dauert es zwar am längsten bis zum Gipfel, dafür ist das Fahren mit der Zahnradbahn aber ein ganz besonderes Erlebnis.
Zahnradbahn: Olympiastraße 27, 82467 Garmisch-Partenkirchen, www.zugspitze.de

BEI EINEM AUSGEDEHNTEN CAMPINGURLAUB

Stattliche Bürgerhäuser mit reichem Fassadenschmuck prägen das Erscheinungsbild des durch den spätmittelalterlichen Salztransport reich gewordenen **Reutte**. Das Grüne Haus am Untermarkt beherbergt ein sehenswertes Heimatmuseum.
Touristeninfo: Untermarkt 34, A-6600 Reutte, www.reutte.com

Dieser traumhafte Blick auf die österreichische Seite des Zugspitzmassivs in der Abendsonne bietet sich dem Betrachter vom Ehrwalder Almsee.

Fläche	2,5 ha
Standplätze Touristen	160
Dauercamper	0
Mietunterkünfte	0
Hunde	auf Anfrage
WLAN	ja, kostenpflichtig

SCHLOSS CAMPING ASCHACH 45

Als Reisender schenkt man dem Unterinntal meist nicht die Beachtung, die es verdienen würde. Für viele liegt es einfach auf dem Weg zum Brenner und weiter zur Adria. Dabei hat das Tal einiges zu bieten. Hier liegen nicht nur bekannte und sehenswerte Städtchen, wie Hall in Tirol und Rattenberg, sondern auch viele Burgen und Schlösser. Nicht zu vergessen auch die Bergwelt mit ihren unzähligen Wandermöglichkeiten in toller Natur und mit einzigartigen Aussichten.
In unmittelbarer Nähe des Schlosses Aschach befindet sich der kleine, familiäre Campingplatz. Er verwöhnt seine Gäste mit einem beheizten Freibad und Planschbecken. Für die Kleinen wird im Juli und August professionelle Kinderbetreuung geboten.

Hochschwarzweg 2, A-6111 Volders, Tel. +43 52 24/52 333, www.schlosscamping.com, Mai–Anf. Sept. www.pincamp.de/nt4480

Der Platz ist ein guter Stützpunkt für Ausflüge in die Region. Innsbruck mit seiner historischen Altstadt und Einkaufsmöglichkeiten ist in 20 Minuten erreicht. Daneben bietet sich das ebene Inntal für bequeme Rad- oder Wandertouren an. Vor allem die vielen kleinen Ortschaften bieten manches kulturelle Kleinod.

FERIENPARADIES NATTERER SEE 46

Der Natterer See liegt auf einer sonnigen Terrasse an der Südseite des oberen Inntals auf etwa 830 m Seehöhe. Vor ihm baut sich das atemberaubende Gebirgspanorama der Nordkette und der Seegrube auf. Steiler, schroffer Fels harmoniert hier mit der lieblichen Landschaft des Tals, in der die Tiroler Landeshauptstadt Innsbruck liegt. Um den See herum führen zahlreiche Wanderwege. Während des Sommers wird er zum Baden freigegeben und verwandelt sich in ein Badeparadies der Extraklasse. Der schilfgesäumte Moorsee bietet mit Sandbadebucht, Nichtschwimmer- und Kinderbereich angenehm temperierte Badefreuden. Ganz konventionell kann man sich natürlich auch Boote und Boards ausleihen. Unterhaltungsangebote und Freizeitaktivitäten werden großgeschrieben – im Sommer, aber auch im Winter. Mehrsprachige Kinderbetreuung, Jugend- und Sportprogramme, Ausflüge, Events und Shows gehören dazu.

Natterer See 1, A-6161 Natters, Tel. +43 512/54 67 32,
www.natterersee.com, ganzjährig
www.pincamp.de/nt3750

Fläche	11 ha
Standplätze Touristen	190
Dauercamper	45
Mietunterkünfte	48
Hunde	bedingt erlaubt
WLAN	ja

CAMPING SEEBLICK TONI 47

Der Reintaler See ist ein Naturjuwel. Er ist in drei Becken gegliedert, was seine Uferlinie abwechslungsreich und einfach schön anzusehen macht. Besonders, wenn sich die umliegende Bergwelt in der glatten Wasseroberfläche spiegelt. Hier, unweit von Kramsach, liegt man recht zentral. Zum Achensee ist es ebenso ein Katzensprung wie ins Zillertal.
Genau genommen liegen am Ufer des Reintaler Sees zwei Campingplätze. Der flache Badestrand liegt auf dem Nachbarplatz und kann gegen Gebühr genutzt werden. Am Platz selbst bestehen zwei schöne, wenn auch relativ steile Badezugänge. Der Platz überzeugt durch seine Familienfreundlichkeit und Gastfreundschaft. Weiter überzeugt er durch sein umfassendes Wellnessangebot mit Finnischer und Zirbenstubensauna, Aroma Dampfbad, Ruheliegen und Wasserbetten. Massagen sorgen zudem für weitere Entspannung.

Moosen 46, A-6233 Kramsach, Tel. +43 53 37/635 44,
www.camping-seeblick.tirol, ganzjährig
www.pincamp.de/nt5480

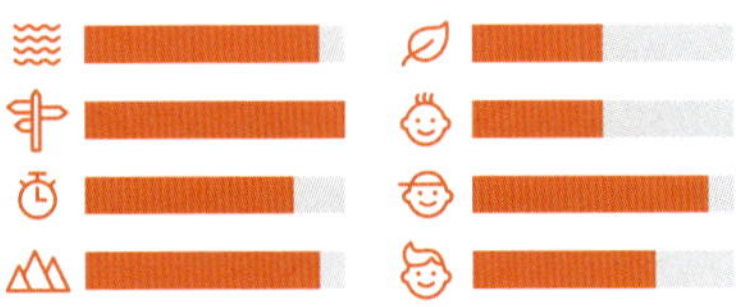

Fläche	4,5 ha
Standplätze Touristen	172
Dauercamper	20
Mietunterkünfte	16
Hunde	willkommen
WLAN	ja

Der Nachwuchs hat im Kinderclub, Räuberland, Funpark oder in den Outdoor-Anlagen eine Menge Gelegenheiten, sich nach Lust und Laune auszutoben. Im Juli und August wird auch professionelle Betreuung geboten. Ganzjährig haben die Kleinen die Möglichkeit, sich im Aquarium, dem fantasievollen Kinderwaschland am Platz, zu reinigen.

DIE GEGEND ERLEBEN

AN EINEM LANGEN WOCHENENDE

Schwaz war schon immer ein wichtiger Ort. Bereits im 14. Jahrhundert wurde hier eine Brücke über den Inn errichtet. Vermutlich 1409 begann in Schwaz der Silberabbau. Die historische Bergwerksstadt besitzt einen hervorragend erhaltenen mittelalterlichen Ortskern. Überragt wird sie vom steilen Kupferdach der von 1460 bis 1476 erbauten Stadtpfarrkirche, ihres Zeichens die größte gotische Hallenkirche Tirols. Vom prächtigen Fuggerhaus aus leitete Ulrich Fugger zeitweise sein weltumspannendes Unternehmen. Sehenswert sind auch das Rabalderhaus und das Franziskanerkloster mit seinem beeindruckenden Kreuzgang. Ein schöner Ausblick auf die Stadt und die Kulisse des unteren Inntals bietet sich von Burg Freundsberg, das südöstlich der Altstadt auf einem steilen Hügel thront. In ihrem mächtigen Bergfried ist ein Heimatmuseum untergebracht.
Touristeninfo: Münchnerstraße 11, A-6130 Schwaz, www.silberregion-karwendel.com

Innsbruck, die Hauptstadt Tirols, hat für jeden Geschmack etwas zu bieten. Die Altstadt ist einerseits von studentischem Leben, andererseits von ihren alten, reich mit Stuck, Reliefs und Fresken verzierten Häusern geprägt. Die wichtigsten Sehenswürdigkeiten liegen entlang der Herzog-Friedrich-Straße. Hier findet man auf engstem Raum die Hofburg und das über 500 Jahre alte Goldene Dachl am Neuen Hof. Absolut empfehlenswert ist ein Aufstieg auf den um 1450 errichteten Stadtturm. Von ihm genießt man nicht nur einen einmaligen Rundblick auf die Dächer der Innsbrucker Altstadt, unter anderem auf die Kathedrale St. Jakob. Sie ist eine der schönsten Barockkirchen Tirols.
Den wohl besten Ausblick über Innsbruck hat man von der 1905 m hohen Seegrube, inmitten des im Norden an die Stadt angrenzenden, gewaltigen Gebirgszugs, der Nordkette. Zu ihr gelangt man per Seilbahn direkt von der Stadt hoch.
Etwas oberhalb der Stadt, diesmal auf der Südseite, liegt Schloss Ambras. Die bedeu-

Mit Goldenem Dachl und Stadtturm zeigt sich Innsbruck von seiner schönsten Seite.

tendste Sehenswürdigkeit Innsbrucks ist untrennbar mit der Persönlichkeit Erzherzog Ferdinands II. (1529–1595) verbunden. Das Schloss hat von Dezember bis Oktober täglich geöffnet.
Innsbruck ist aber auch Sportstadt. Zweimal wurden hier bereits die Olympischen Winterspiele ausgetragen, und alljährlich macht hier auch die Vierschanzentournee Station. Die Schanze am Bergisel ist alleine aus architektonischer und sportlicher Sicht sowie wegen ihres furchteinflößenden, faszinierenden Blicks vom Startbereich der Skispringer runter zur Stadt einen Abstecher wert.
Touristeninfo: Burggraben 3, A-6020 Innsbruck, www.innsbruck.info

IN EINER WOCHE CAMPING

Das **Freilichtmuseum Tiroler Bauernhöfe** in Kramsach hat 37 Originalbauten, allesamt historische Bauernhöfe und Nebengebäude, wie Dreschtennen, Sägen, Schmieden und Mühlen aus verschiedenen Talschaften. Sie wurden wieder aufgebaut, eingebettet in reizvolles Hügelland mit imposanter Bergkulisse. Frei nach dem Motto: Kultur bewahren, Werte erhalten und altes Wissen weitergeben. An Wochenenden gibt es Handwerksvorführungen, bei denen Besucher beim Korbflechten, Spinnen, Goldsticken oder Gamsbartbinden selbst Hand anlegen können. In den Höfen spielen zudem Musikanten traditionelle Weisen. Darüber hinaus laden verschiedene Mitmachstationen Kinder und Jugendliche ein, spielerisch den historischen, ländlichen Alltag kennenzulernen. Ebenfalls sehenswert ist der Museumsfriedhof mit skurrilen Grabinschriften aus dem Alpenraum.
Angerberg 10, A-6233 Kramsach, Tel. +43 53 37/626 36, Palmsonntag–Okt. tgl. 9–17, Mai–Sept., www.museum-tb.at

Seit 1599 werden bei **Grassmayr** in Innsbruck **Kirchenglocken** gegossen. Der Traditionsbetrieb ist ein echter Geheimtipp unter den Sehenswürdigkeiten der Stadt. Im hauseigenen Museum kann man die faszinierende Geschichte von Kirchenglocken und deren verblüffenden Details erfahren. Mit etwas Glück kann man sogar Zeuge eines Glockengusses werden. Da die Vorbereitungsarbeiten für einen Glockenguss Wochen in Anspruch nehmen, wird nur etwa einmal im Monat gegossen. Bis heute ein großer, feierlicher und bewegender Moment. Während die Bronze im großen Schmelzofen noch schmilzt und gelegentlich mit einem Fichtenstamm umgerührt wird, versammeln sich allmählich Mitglieder der Kirchengemeinden, für die an dem Tag Glocken gegossen werden. Ein Priester hält eine kurze Andacht und segnet den Guss. Mit dem Ruf »In Gottes Namen« wird der Ofen angestochen, und die dünnbreiig-flüssige Bronze wird zunächst in einen Gussbehälter gefüllt. Er wird mit einem Kran punktgenau über die Einfüllöffnung der ersten Glocke gehievt. Langsam fließt die rotglühende Bronze in die Formen. Die Macht des Feuers kann man nicht nur sehen, sondern auch fühlen. Die Gesichter mancher Anwesenden verraten, wie ihnen die Tragweite dieses Augenblicks gerade bewusst wird. Noch wird es etwas dauern, bis sie den Klang ihrer Glocken erstmals vernehmen. Einen Klang, der über viele Jahrhunderte hinweg, vielleicht sogar über ein Jahrtausend, die

Luft ihrer Heimat erfüllen wird. Wer das Glück hat, die Glockengießerei während eines Gusstages zu besuchen, wird diesen Ort tief bewegt mit bleibenden Erinnerungen verlassen.
Leopoldstraße 53, A-5020 Innsbruck, Mo–Fr ganzjährig, Mai–Okt. auch Sa, www.grassmayr.at

BEI EINEM AUSGEDEHNTEN CAMPINGURLAUB

Etwa einen Kilometer östlich von Schwaz verbirgt sich dessen bedeutsame Vergangenheit unter der Erde. Denn vor 500 Jahren war die Stadt die weltgrößte Bergbaumetropole mit über 85 Prozent der Weltsilberproduktion. Neben Silber, förderten hier bis zu 10 000 Knappen auch Kupfer im größten **Bergwerk** des Mittelalters. Sie machten Tirol zu einem der reichsten Länder Europas. Heute kann man sich hier über das harte Leben der Bergleute, über die durch das Silber mächtigen Handelsfamilien und über faszinierende Bergbautechniken hautnah informieren. Mit der Grubenbahn fährt man 800 m tief in den Berg. Hier erwartet die Besucher eine atemberaubende Welt unter Tage. Sie folgen den Spuren der Bergleute und beginnen zu erahnen, mit welchen Strapazen Bergbau vor 500 Jahren verbunden war. Eines der Highlights ist das Schwazer Wasserrad, das 1556 in den Stollen eingebaut wurde.
Alte Landstraße 3a, A-6130 Schwaz, www.silberbergwerk.at

Die jahrhundertealte Tradition des Glockengießerhandwerks lässt sich in Innsbruck bei der Firma Grassmeyer hautnah miterleben.

CAMPING HELL 48

Das Zillertal ist wegen seiner Schönheit weit über seine Grenzen bekannt und gilt heute als eine der primären Tourismus-Regionen Österreichs. Sommer wie Winter stehen hier sportliche Aktivitäten im Fokus. Am Eingang ins Zillertal ist das Tal noch breit und verleiht der Landschaft einen beruhigenden Charakter. Auch die Gipfel sind hier nicht ganz so hoch wie ringsum. Vom südlichen Talschluss grüßen mächtige Dreitausender mit ihren weißen Schneekuppen. Der Campingplatz am Eingang des Zillertals ist der lebendige Beweis, dass sich Komfort und Naturschutz nicht gegenseitig ausschließen. Der Platz ist in jeder Hinsicht durchdacht konzipiert, perfekt ausgestattet und äußerst stilvoll gestaltet. Besser geht es kaum. Zwei beheizte Schwimmbäder mit Kinderbecken, je einmal im Freien und in der Halle, sind ebenso Bestandteil des Wohlfühlcampings wie eine großzügige Sauna- und Wellnesslandschaft. Hinter all dem steht respektvoller Umgang mit der Natur. Kristallklare Gebirgsluft und quellfrisches Wasser sind der Dank dafür.

Gageringerstraße 1, A-6263 Fügen OT Gagering, Tel. +43 52 88/622 03, www.hells-ferienresort.at/wohlfuehlcamping, Anf. Dez.–Anf. Nov.
www.pincamp.de/nt5000

Fläche	5 ha
Standplätze Touristen	165
Dauercamper	35
Mietunterkünfte	4
Hunde	willkommen
WLAN	ja

Der Platz punktet mit enormem Freizeitangebot. Bestens ausgestattete Spiel-, Kletter- und Abenteuergelegenheiten, sowohl draußen als auch drinnen, lassen Kinderherzen und die der Jugendlichen höher schlagen. Beeindruckend ist etwa die zwei Stockwerke einnehmende Indoor-Spiellandschaft. Im Juli und August wird zudem ein buntes Ferienprogramm für Kinder ab 4 Jahren organisiert.

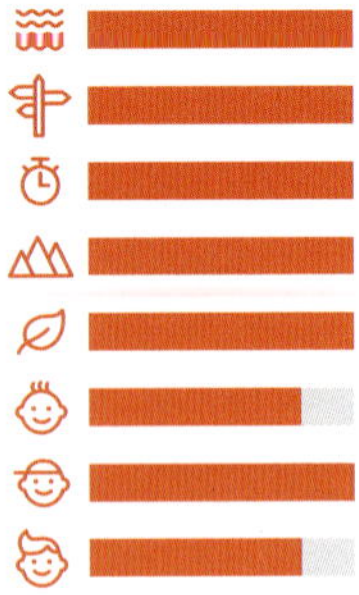

Fläche	14 ha
Standplätze Touristen	370
Dauercamper	50
Mietunterkünfte	35
Hunde	willkommen
WLAN	ja

ERLEBNIS COMFORT CAMPING AUFENFELD 49

Etwa in der Mitte des Zillertals befindet man sich im Gebiet der Zillertal Arena. Sie reicht bis in den Salzburger Pinzgau und sorgt ganzjährig für besonderes Urlaubserlebnis inmitten einer traumhaften Bergkulisse.
Nur einen kurzen Fußmarsch vom Aschauer Ortszentrum entfernt liegt der bestens ausgestattete Campingplatz. Seine Freizeitinfrastruktur ist schlicht bemerkenswert. Im Sommer warten ein malerisch angelegter, riesiger Badeteich mit Wasserfall und ein platzeigener Western- und Freizeitpark. Kinder lockt eine Wasserspielanlage mit tollen Möglichkeiten zum Sandburgenbauen, Staudämme konstruieren und mehr.

Aufenfeldweg 10, A-6274 Aschau im Zillertal OT Distelberg, Tel. +43 52 82/29 16, www.camping-zillertal.com, ganzjährig
www.pincamp.de/nt5150

Für Kinder und Jugendliche wird derart viel geboten, dass sie den ganzen Tag über beschäftigt sein können, egal ob im Kids Club mit seinem umfangreichen Aktivprogramm während des Sommers oder ganz individuell. Die Eltern wird das auch freuen, denn so können sie sich etwas zurückziehen und sich in der großzügigen Sauna- und Wellnesslandschaft im Westernstil erholen.

DIE GEGEND ERLEBEN

AN EINEM LANGEN WOCHENENDE

Die **Zillertal-Schmalspurbahn** ist eines der Wahrzeichen des Tals. Von Ende Mai bis Mitte Oktober verkehrt auf der 31 km langen Strecke zwischen Jenbach und Mayrhofen jeweils Mittwoch bis Sonntag ein Dampfzug. Neben der historischen Lok sind es die rotbraunen Nostalgiewagen, welche die Fahrt zu einem ganz besonderen Erlebnis machen. Eine Dampflok lebt eben – irgendwie zumindest. Sie raucht und zischt und besitzt viele bewegliche Teile. Da gibt es für Alt und Jung viel zu sehen, zu erleben und zu entdecken. Neben all der Faszination der Bahnfahrt an sich bietet sich mit ihr auch die Gelegenheit, das Zillertal vollkommen stressfrei zu bereisen. Bei einer Durchschnittsgeschwindigkeit von rund 20 km/h bietet sich auch genügend Zeit, um die Landschaft auf sich einwirken zu lassen und um auch kleine Details zu entdecken. An der Endstation kann man dann beobachten, wie die Dampflok fit für die Rückfahrt nach Jenbach gemacht wird. Daneben bietet sich die Zillertalbahn auch als normales Verkehrsmittel für Tagesausflüge an. Moderne Dieseltriebwagen verkehren im Halbstundentakt und sind auch deutlich schneller als der Nostalgiezug.
Pakplatz Bahnhofstraße, A-6200 Jenbach, www.zillertalbahn.at

IN EINER WOCHE CAMPING

Das Zillertal wird eingerahmt von über 3000 m hohen Bergen. Den höchsten Punkt bildet der 3509 m hohe Hochfeiler, dessen Gipfel auf der Grenze zu Südtirol liegt. Die Region um Fügen im Norden der Zillertaler Alpen zählt zu den Orten mit den meisten Sonnenstunden. Ideal für ausgedehnte Wanderungen in den Bergen, zu denen über 400 km Wanderwege und 250 km Rad- und Mountainbike-Routen einladen. Wellenbe-

Junge Bergsteiger entdecken die eindrucksvolle Bergwelt der Zillertaler Alpen.

cken, Strömungskanal und zwei Rutschen mit je 130 m Länge halten in der **Erlebnistherme Zillertal** den Nachwuchs bei Laune, während die Eltern im Sauna- und Wellnessbereich unbesorgt relaxen dürfen.
Einst trat von Fügen aus das Weihnachtslied »Stille Nacht« seinen Weg um die Welt an. Es war 1818 im salzburgischen Oberndorf entstanden. Im Heimatmuseum Fügen werden sein Werdegang und seine Verbreitung in der Welt nachgezeichnet.
Touristeninfo: Bundesstraße 27d, A-6262 Schlitters, www.zillertal.at

Die **Zillertaler Höhenstraße** zählt zu den schönsten Alpenstraßen Österreichs. Sie wurde ursprünglich im Rahmen der Wildbachverbauung und zur Versorgung von Almen angelegt. Mit der Zeit wurde sie auch für Besucher geöffnet, die die Straße heute über fünf Zufahrten erreichen können. Sie befinden sich in Aschau, Hippach, Kaltenbach, Ried und Zellberg. So lässt sich die Zillertaler Bergwelt bequem mit dem Auto erkunden. Sie kann aber auch mit dem Fahrrad befahren werden. Die Straße schlängelt sich bis auf 2020 m hoch, von wo sie einen beeindruckenden Blick über die Tiroler Bergwelt freigibt. Sie führt auch zu einigen bewirtschafteten Almen. Sie laden zur Rast ein und bieten Gelegenheit, diese imposante Bergwelt ganz intensiv aufzusaugen. Die mautpflichtige Straße ist während der Sommersaison befahrbar.
Touristeninfo: Hauptstraße 54, A-6263 Fügen, www.best-of-zillertal.at

Das Zillertal ist nicht nur der Inbegriff wunderschöner Naturlandschaften mit saftigen Wiesen und urigen Almen, es ist auch bekannt für seine Käseproduktion. In der Zillertaler **Heumilch Sennerei** wird die Milch von nachhaltig arbeitenden Bauern verarbeitet. Die Herstellung von Heumilch ist die ursprünglichste Form der Milchgewinnung, womit aus ihr auch besonders hochwertige und natürliche Käse entstehen. Das Museum der Schaukäserei informiert über die Käseerzeugung gestern und heute. Weiter kann man die gläserne Produktion beobachten und sich bei der Führung durch den Betrieb die Herstellung lokaler Käsesorten erläutern lassen. Zuletzt kann man sie auch verkosten.
Sennereistraße 22, A-6263 Fügen, Mo–Sa, www.heumilch.tirol

Der **Natur Eis Palast** am Hintertuxer Gletscher ist ein auf der Welt einzigartiges Naturschauspiel. Es bietet sich das ganze Jahr über als Ausflugsziel für die ganze Familie an. Die Führungen starten nur wenige Minuten von der Bergstation des Gletscherbus 3. In der Eiswelt wird eine begehbare Gletscherspalte mit riesigen funkelnden Eiskristallen und Eisstalaktiten erkundet. Vorbei geht es an gefrorenen Wasserfällen und sogar zu einem See im Gletscher. Dass dieser trotz der Umgebungstemperatur von konstanten 0 Grad nicht gefriert, ist derzeit noch ein Rätsel für die Wissenschaft.
Besucher der ganzjährig geöffneten Eishöhle können unter verschiedenen Touren auswählen. Gegen Voranmeldung sind sogar eigene Kinderführungen möglich. Das Mindestalter beträgt 6 Jahre. Im Rahmen spezieller VIP-Touren kann man im Gletscher sogar Kajak fahren, Stand Up Paddling oder Eisschwimmen. Für den Besuch braucht es warme Kleidung und festes Schuhwerk.
Touristeninfo: Hauptstraße 54, A-6263 Fügen, www.best-of-zillertal.at/services/blog/artikel/natureispalast, www.tux.at/natur-eis-palast

BEI EINEM AUSGEDEHNTEN CAMPINGURLAUB

Da das Zillertal eines der großen Ferien- und Freizeitzentren in Tirol ist, werden im Hauptort Mayrhofen zwar keine Berge versetzt, aber neue Berge geschaffen. Ihren Hausberg, den 2095 m hohen Penken, haben die Mayrhofener zum **Actionberg** gemacht. Wer mit der hochmodernen Penkenbahn zur Funsportstation hinaufgondelt, kann dort oben zum Beispiel in »Funballz«, großen durchsichtigen Bällen, über den Speicherteich für die winterliche Beschneiung kugeln oder auf geländegängigen Bergrollern den Hang hinabbrettern. Es gibt auch einen Klettersteig für jedermann, was bedeutet: Die Schwierigkeiten bewegen sich im mittleren Bereich, und die erforderliche Sicherheitsausrüstung kann vor Ort kostenlos ausgeliehen werden. Auch für Mountainbiker, mit oder ohne Elektro-Upgrade, ist das Gebiet um den Penken ein Dorado. Gegenüber, auf der anderen Talseite, fährt man mit der Ahornbahn in den größten Seilbahnkabinen Österreichs mit 160 Plätzen auf den »Genießerberg Ahorn«. Auf ihm findet man oberhalb von 1900 m Höhe einen kinderwagentauglichen Rundweg, einen Sinnespfad und einen Bergspielplatz. Für Stärkung sorgen fünf verschiedene Bergrestaurants. Spektakulär sind die Greifvogelvorführungen auf der Adlerbühne.
Touristeninfo: Dursterstraße 225, A-6290 Mayrhofen, www.mayrhofen.at
Bergbahnen: www.mayrhofner-bergbahnen.com

Eingerahmt von über 3000 m hohen Bergen bietet die Erlebnistherme Zillertal in Fügen Badespaß für die ganze Familie.

ALPEN CARAVAN PARK ACHENSEE 50

380 m über dem Inntal liegt der Achensee eingebettet in der faszinierenden Berglandschaft des Karwendel- und Rofangebirges. Er ist der größte See Tirols. Einem Gebirgssee entsprechend ist seine Wassertemperatur gering und erreicht kaum 20 Grad im Sommer. An sehr heißen Sommertagen mag man darüber als Badegast froh sein.
Zwischen Wiesen und Wald befindet sich der idyllisch gelegene Platz am Nordufer des Achensees. Von ihm genießt man eine malerische Aussicht auf die den See eingrenzende Bergwelt bis hin zu den schneebedeckten Gipfeln der Zillertaler Alpen.
Im Sommer kann man vom Wohnwagen gleich in den See hüpfen oder sich in eines der Mietboote schwingen. Zudem befindet man sich inmitten eines Gebiets, das sich hervorragend für Wanderungen anbietet. Dabei hat man die freie Wahl, ob man eher im Tal oder hoch auf den Berg möchte.
Im Winter sind vom Platz aus die Langlaufloipen gespurt. Der kostenlose Skibus fährt zu den Liften von Christlum.

Achenkirch 17, A-6215 Achenkirch, Tel. +43 52 46/62 39,
www.camping-achensee.com, ganzjährig
www.pincamp.de/nt4800

Fläche	3 ha
Standplätze Touristen	120
Dauercamper	60
Mietunterkünfte	3
Hunde	willkommen
WLAN	ja, kostenpflichtig

Ein großzügiger Abenteuer-Kinderspielpark lässt Kinderherzen höher schlagen. Auf der Liegewiese und am Badestrand gibt es hier für alle Altersklassen etwas. Piratenschiff und Rutschturm, ein Naturkletterfelsen und ein Sandkasten stehen bereit. Dazu gibt es einen Abenteuer-Wasserspielpark mit zwei Seen zum Planschen, einen Gebirgsbach, wo man Staumauern errichten kann, und vieles mehr.

DIE GEGEND ERLEBEN

AN EINEM LANGEN WOCHENENDE

Ausgangspunkt der **Achenseebahn** ist der Bahnhof Jenbach, der bereits mit der ersten Besonderheit aufwartet. Er ist der einzige Bahnknotenpunkt Österreichs, von dem Bahnlinien mit drei Spurweiten abgehen. Neben der »normalen« Eisenbahn mit 1425 mm Spurweite sind dies die Zillertal-Schmalspurbahn mit 760 mm und die Achenseebahn mit 1000 mm Spurweite. Seit 1889 dampft die Zahnradbahn auf ihrer 6,75 km langen Strecke mit einer Steigung von 16 Prozent steil zum Achensee hoch – damals wie heute ausschließlich mit Dampfloks. Alleine ihres Alters wegen darf die Achenseebahn als rollendes Museum betrachtet werden. Ihre vier Dampfloks stammen von 1889 und sind die ältesten Zahnradbahn-Loks Österreichs. Sehenswert sind auch die vier offenen und zwei geschlossenen Personenwagen mit abgeschlossenen Abteilen. Bei ihnen erreicht der Schaffner die Fahrgäste während der Fahrt über ein an der Längsseite montiertes Trittbrett. Reisen zu Kaisers Zeiten mag nicht anders gewesen sein. Unterwegs gibt man sich genüsslich dem Reisegefühl vergangener Zeiten hin und bewundert die eindrucksvolle Bergwelt. Die Strecke endet in Seespitz am Südufer des Achensees, unmittelbar am Anlegeplatz der Achenseeschifffahrt.
Bahnhofplatz 1–3, A-6200 Jenbach, Mai–Okt., www.achenseebahn.at

Lust auf eine Hochseefahrt? Am 929 m über dem Meer gelegenen Achensee ist das im übertragenen Sinne möglich und sorgt für ein unvergessliches Erlebnis. Bereits 1887 nahm das erste Schiff auf dem Achensee seinen Dienst auf. Heute stehen drei moderne **Fahrgastschiffe** bereit. Die MS Tirol und MS Stadt Innsbruck bedienen den Fahrplanbetrieb. Auf ihnen finden bis zu 600 Personen Platz. Die MS Achensee dient unter anderem als Eventschiff. Die eleganten Schiffe gleiten langsam über den See, während man sich entspannt zurücklehnen und die grandiose, sich immer wieder verändernde Aussicht genießen kann. Ein Wanderweg führt rund um den See, ein Radweg von Pertisau über die Südspitze bis Achenkirch. Eine Rundfahrt mit dem Schiff dauert etwa zwei Stunden.
Seepromenade 36, A-6213 Pertisau, Ende April–Anf. Nov., www.tirol-schiffahrt.at

IN EINER WOCHE CAMPING

Den wohl schönsten Ausblick auf den Achensee und den östlichen Rand des Karwendelgebirges hat man von der auf 1831 m hoch gelegenen Bergstation der **Rofanseilbahn** unterhalb des Gipfels des 2039 m hohen Gschöllkopfs. Von hier oben sieht man zudem gut auf die Tuxer Alpen, in das Zillertal und den Alpenhauptkamm. Nachdem man sich satt gesehen hat, kann man 150 km an Spazier- und Wanderwegen unterschied-

lichster Schwierigkeitsgrade erkunden. So bietet sich etwa eine Wanderung auf den 2299 m hohen Hochriss oder die 2259 m hohe Rofanspitze an.
Achenseestraße 10, A-6212 Maurach, Ende April–Anf. Nov. und Ende Dez.–Ende März, www.rofanseilbahn.at

Rund 3 km westlich von Jenbach befindet sich das **Schloss Tratzberg**. Im 13. Jahrhundert wurde an der Stelle eine Grenzfeste erwähnt. Sie wurde im späten 15. Jahrhundert ein Raub der Flammen. Ab 1500 wurde in ungewöhnlich prunkvoller Weise der erste Teil des heutigen Schlosses errichtet. Alleine der Innenhof der Anlage mit seinen reichen Verzierungen ist ein Kunstwerk ohnegleichen. Der majestätische, von Spätgotik und Renaissance geprägte Bau ist das einzige Tiroler Schloss mit original erhaltener Innenausstattung. Sie stammt großteils aus der Zeit ab 1590, in der sich das Schloss im Besitz der Fugger befand. Höhepunkte einer Führung sind der Arkadenhof mit prachtvoller Renaissancemalerei sowie das reich mit Schnitzwerk und kostbaren Tapisserien geschmückte Königinnenzimmer. Im Habsburgersaal stellt ein 46 m langes Wandgemälde mit 148 Figuren den Stammbaum der Habsburger dar. Im neu gestalteten Erlebnisbereich können Groß und Klein die über 500-jährige Geschichte hautnah und in 3D per Virtual Reality nachempfinden. Neben Führungen für Erwachsene werden auch spezielle Kinderführungen ab einem Mindestalter von 4 Jahren angeboten.
Tratzberg 1, A-6200 Jenbach, Ende März–Anf. Nov., www.schloss-tratzberg.com

Die älteste Zahnradbahn Österreichs führt von Jenbach hoch zum Achensee. Seit 1889 verrichten hier vier Dampflokomotiven schnaufend ihren Dienst.

EURO-CAMP WILDER KAISER 51

Kössen ist der erste Ort in Tirol, wenn man über Reit im Winkl aus Bayern kommt. Der Ort liegt im Kaiserwinkl. So nennt sich das Tal an der Nordseite des Wilden und Zahmen Kaisers. In dieser Region sind die umliegenden Berge nicht mehr ganz so wild und rau wie in den Zentralalpen. Hier überwiegen sanfte Formen und laden zum Bergwandern ein.

Flankiert von Wald liegt der Campingplatz auf einem Plateau am Fuße des Unterberges. Das imposante Kaisergebirge grenzt das Landschaftsbild nach Westen hin ab. Hier liegt man abseits vom Trubel und doch ganz zentral. Zur Talstation der Kössener Bergbahnen sind es nur 350 m. In der wundervollen Bergwelt des Kaiserwinkls schlägt das Herz eines jeden Wanderfreunds höher. Wanderwege gibt es hier schier unbegrenzt. Für Entspannung sorgen eine neue Saunawelt, Biosauna inklusive, sowie ein beheizter Innen- und Außenpool. Außerdem ist auch Raum für anderen Sport, von Beachvolleyball bis Tennis. Ein Eldorado für Kinder ist sicherlich der riesige Abenteuerspielplatz.

Kranebittau 18, A-6345 Kössen, Tel. +43 53 75/64 44,
www.eurocamp-koessen.com/campingplatz, ganzjährig
www.pincamp.de/nt5800

Fläche	5,2 ha
Standplätze Touristen	180
Dauercamper	110
Mietunterkünfte	9
Hunde	willkommen
WLAN	ja

Die ganz wilden, ganz hohen Berge gibt es rund um den Campingplatz nicht. Sie bewegen sich zwischen rund 1500 und 2000 m Seehöhe. Damit sind sie ideale Wanderberge mit nicht allzu großem Gefahrenpotenzial. Wanderungen im Gebirge sind selbst auf nicht ganz so hohen Bergen nicht zu unterschätzen. Kondition, angepasste Ausrüstung, vor allem gute Schuhe, und gutes Wetter braucht es auch hier.

CAMPING SCHWARZSEE 52

Kitzbühel ist weltbekannt, vor allem durch das härteste und gefährlichste Skirennen der Welt, die Hahnenkamm-Abfahrt, aber auch durch internationale Tennisturniere und Triathlon-Veranstaltungen sowie natürlich für die traumhafte Kulisse, in der das alles stattfindet. Der markante Berg der Region ist das 1996 m hohe Kitzbüheler Horn. Es ist das Wahrzeichen des Landstrichs. Unweit von Kitzbühel liegt der Schwarzsee. Er ist ein kleiner Moorsee in den Kitzbüheler Alpen und auch der wärmste seiner Art in ganz Tirol.
Nur durch einen 50 m breiten Waldstreifen getrennt, liegt somit fast an seinem Ufer auch der Campingplatz, der seinen Namen dem See zu verdanken hat.
Mit Badeplattformen, 3-m-Sprungturm, breiter Wasserrutsche und gigantischem Panorama ist er ein traumhaftes Baderevier. Stehen dem Baden Wetter oder Jahreszeit entgegen, ist das schöne kleine Hallenbad mit Whirlpool des zugehörigen Hotels eine Alternative. Auch der großzügige Fitness- und Wellnessbereich steht den Campern zur Verfügung.

Reither Straße 24, A-6370 Kitzbühel, Tel. +43 53 56/628 06,
www.bruggerhof-camping.at, ganzjährig
www.pincamp.de/nt6500

Fläche	7 ha
Standplätze Touristen	180
Dauercamper	140
Mietunterkünfte	nein
Hunde	erlaubt
WLAN	ja

TIROL CAMP 53

Die Region um Fieberbrunn ist vor allem wegen ihrer Schneesicherheit im Winter berühmt. Entsprechend spielt hier der Wintertourismus eine tragende Rolle. Daneben hat hier aber auch der Sommer einiges zu bieten. Alleine 150 km Wanderwege und ausgeschilderte Mountainbike-Strecken gibt es hier.
Umgeben von den majestätischen Gipfeln der Kitzbüheler Alpen und am Fuße des Wildseeloders liegt das Tirol Camp. Es befindet sich in unmittelbarer Nachbarschaft zur Talstation der Fieberbrunner Bergbahnen. Das ist im Sommer der direkte Einstieg in ein weitläufiges, per Seilbahn erschlossenes Wanderparadies. Im Winter ist es der Aufstieg in das größte Skigebiet Österreichs. Nach einem ereignisreichen Tag oder wenn man einfach nur Entspannung sucht, bietet der 5-Sterne-Platz eine begeisternde Bade- und Wellnesslandschaft mit Panoramahallenbad mit ganzjährig beheiztem Freibecken sowie einen riesigen Wellnessbereich, allein mit sechs Saunen.

Lindau 20, A-6391 Fieberbrunn, Tel. +43 53 54/56 66 6-0, www.tirol-camp.at,
Anf. Dez.–Mitte April, Ende Mai–Anfang Nov.
www.pincamp.de/nt6630

Fläche	7 ha
Standplätze Touristen	208
Dauercamper	112
Mietunterkünfte	nein
Hunde	erlaubt
WLAN	ja

Im Campingpark LuxOase erleben Kinder grenzenloses Urlaubsvergnügen. Die Jüngsten erwartet im Topi Club ein umfangreiches Animationsprogramm. Daneben steht für sie auch ein In- und Outdoor-Spielplatz bereit. Weitere Highlights sind ein Indianerzelt und ein Spielbach. Teenager werden sich eher im Chill Bus treffen oder sich an der Skater- und Trampolinanlage versuchen.

DIE GEGEND ERLEBEN

AN EINEM LANGEN WOCHENENDE

Unmittelbar an der Grenze zu Deutschland richten sich alle Blicke auf die martialische Festung der 17 000-Einwohner-Stadt **Kufstein**. Bayern errichtete Ende des 12. Jahrhunderts auf dem Felskopf über dem Inn eine erste Burg. Was man heute sieht, ist ein Neubau aus den Jahren 1504 bis 1522. Sein markantes Zeichen ist der mächtige, 90 m hohe Kaiserturm. Vom Unteren Stadtplatz gelangt man auf dem Treppenweg oder mit der Panoramabahn hinauf zur Festung Kufstein. Heute ist sie ein beliebter Ort für Theater- und Konzertveranstaltungen. Auf der Festung kann man die Bastionen, Batterien, Türme, Gänge und Höfe inspizieren. Außerdem sind mehrere Museen zu besichtigen. Im Festungs- und Heimatmuseum begibt man sich auf eine Zeitreise durch die Geschichte. Das ehemalige Staatsgefängnis im Kaiserturm hatte zu Zeiten der Österreich-Ungarischen Monarchie prominente Insassen. Heute ist der historische Gefängnistrakt als Museum zu besichtigen. Hier wird einem der Strafvollzug im Mittelalter nähergebracht. Dieser war unvorstellbar grausam und mitleidlos. Urteile waren mit unheimlichen Qualen verbunden. Das Museum im Bürgerturm wird Freunde der Tiroler Kaiserjäger und Schützen begeistern. Außerdem kann man hier die Heldenorgel besichtigen.

Festung 2, A-6330 Kufstein, www.festung.kufstein.at

1931 wurde unter dem Dach des Bürgerturms der Festung Kufstein die größte **Freiorgel** der Welt installiert. Sie dient dem Gedenken an die Gefallenen im Ersten Weltkrieg. Nach einigen Umbauten umfasst die Orgel nun 65 Register und besitzt 4948 Pfeifen. Eine weitere Besonderheit ist das eingebaute Glockenspiel mit 18 Röhrenglocken. Der Spieltisch der Orgel befindet sich im Festungsneuhof. Täglich um 12 Uhr kann man Zeuge eines besonderen Orgelkonzerts sein, während der Monate Juli und August zusätzlich auch um 18 Uhr. Dazu braucht man nicht einmal auf der Festung zu sein, denn das Orgelspiel ist je nach Witterung bis zu 10 km weit zu hören! Heute mahnt ihr Spiel zum Frieden in der Welt.

A-6330 Kufstein. Das Orgelspiel kann man in der ganzen Stadt und näheren Umgebung hören.

IN EINER WOCHE CAMPING

Kitzbühel ist der Treffpunkt der Reichen und Prominenten der Welt. Vor allem im Winter präsentiert sich Kitzbühel mit seinen teuren Boutiquen und Restaurants und seinem berühmten Skigebiet als Treffpunkt des internationalen Jetsets, oder wer sich dafür hält. Das hat der Stadt den Ruf als einer der bedeutendsten Wintersportorte der Alpen eingebracht. Die Stadt geht auf eine bayerische Ansiedlung im 12. Jahrhundert zurück. Durch Kupfer- und Silberfunde gelangte Kitz-

bühel bereits im 16. Jahrhundert zu Wohlstand. Von ihm zeugen viele prächtige Bürgerhäuser in der sehr sehenswerten Altstadt. Über deren Dächern bestimmen zwei Kirchtürme die Silhouette: Der schlanke Turm gehört der gotischen, 1506 fertiggestellten Stadtpfarrkirche St. Andreas. Der benachbarten Liebfrauenkirche aus dem 14. Jahrhundert wurde 1566 ein 48 m hoher, mächtiger quadratischer Turm angefügt. Seine Dimensionen waren nötig, um die große Glocke, die bereits für den zu kleinen Turm der Stadtpfarrkirche angeschafft worden war, doch noch verwenden zu können.
Neben der Stadt empfiehlt sich während des Sommers ein Ausflug auf das 1996 m hohe Kitzbüheler Horn, das bequem per Seilbahn erreichbar ist. Von seinem Gipfel genießt man einen umwerfenden Rundumblick.

Touristeninfo: Hinterstadt 18, A-6370 Kitzbühel, Tel. +43 53 56/666 60, www.kitzbuehel.com
Seilbahn: Hornweg 23a, A-6370 Kitzbühel, Tel. +43 53 56/69 51-0, www.bergbahn-kitzbuehel.at

Das **Freizeitland Familienpark** liegt zwischen St. Johann und Hochfilzen und ist speziell für Kinder ab einer Größe ab 130 cm ausgelegt. Über 50 kindgerechte Attraktionen warten ganz besonders auf kleine Besucher. Da gibt es eine 80 km/h schnelle Achterbahn, einen Wellenflieger, ein lustiges Bauernland, das per Traktor erkundet werden will, eine Wild Raftbahn, ein Piratenschiff und eine Bummelbahn, bis hin zur Cowboy-Westernschaukel und einem Flugzeugkarussell. Hier kann Kind noch echt Kind sein.
Mühlau 29, A-6392 St. Jakob im Haus, www.freizeitpark.tirol

Vom Gipfel des Kitzbüheler Horns, auf das eine Seilbahn führt, hat man einen atemberaubenden Weitblick über die Bergwelt der Tiroler Alpen.

SEECAMP ZELL AM SEE 54

Man hat sie gleich im Blick, die Zutaten, die diese Region so attraktiv machen: Vom Platz am Nordufer des Zeller Sees blickt man über die herrlich blaue Wasserfläche auf die Altstadt von Zell am See vor dem Grün der Pinzgauer Grasberge. Dahinter erheben sich die majestätischen, von Gletschern gezierten Gipfel der Hohen Tauern. Die reizvolle Landschaft ist nicht nur Postkartenmotiv. Sie bietet zu jeder Jahreszeit vielfältige Freizeitaktivitäten. Die Region Zell am See-Kaprun ist nicht umsonst während der Sommermonate ein hervorragendes Wanderparadies und während der kalten Jahreszeit eine Wintersportregion von Weltruf. Am Platz wird nicht nur ein gut ausgestatteter Spielplatz und für Schlechtwettertage eine Spielhalle geboten. Für Kurzweil sorgt auch eine Kinderbetreuung, und bei Bedarf hilft sogar ein Babysitterdienst aus. Für Wanderungen in der Umgebung kann man sich sogar kostenlos Kinder-Rückentragen ausborgen.

Thumersbacherstraße 34, A-5700 Zell am See,
Tel. +43 65 42/721 15, www.seecamp.at, ganzjährig
www.pincamp.de/sa0800

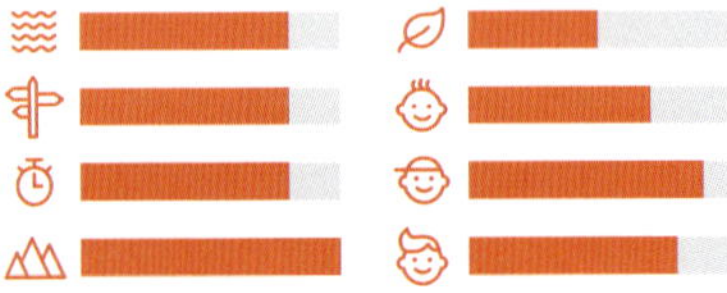

Fläche	3,2 ha
Standplätze Touristen	130
Dauercamper	30
Mietunterkünfte	1
Hunde	erlaubt
WLAN	ja

Zum Strand des Zeller Sees sind es nur wenige Schritte über die Seepromenade. Der eigene Badestrand mit Badeinsel, Kajakschule und Bootsvermietung, aber auch sämtliche Strandbäder laden zu sommerlichen Badefreuden oder Wassersport ein. Im Preis inbegriffen ist auch der Eintritt in das Zeller Hallenbad.

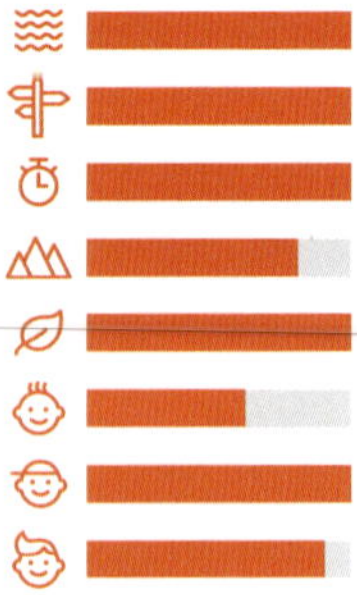

Fläche	18 ha
Standplätze Touristen	200
Dauercamper	70
Mietunterkünfte	82
Hunde	erlaubt
WLAN	ja

SPORTCAMP WOFERLGUT 55

Bruck an der Glocknerstraße ist zwar nicht der schönste Ort in der Region, aber ein äußerst zentral gelegener. Von hier ist es nach Zell am See und dem Zeller See genauso ein Katzensprung wie nach Kaprun und zum Gletscher am Kitzsteinhorn. Zudem ist der Alpenhauptkamm nah. Bei all dieser Vielfalt bräuchte es eigentlich nicht mehr als eine Schlafgelegenheit, doch das Sportcamp Woferlgut ist genau das Gegenteil davon, denn das Angebot beschränkt sich nicht nur auf die ganzjährigen geführten Berg-, Wander- und Radtouren, das Fitnessstudio und die Tennisplätze. Für junge Gäste stehen ein gut ausgestatteter Außenspielplatz und ein großes Indoor-Kinderland mit Babycorner, Bällebad und Kletterwand zur Verfügung.

Kroessenbach 40, A-5671 Bruck an der Großglocknerstraße, Tel. +43 65 45/730 30, www.sportcamp.at, ganzjährig
www.pincamp.de/sa1410

Zu den Highlights des Platzes zählt die neue, 4500 m² große Badewelt. Sie bietet ein 50 m langes Indoor-Sportbecken sowie ein Indoor-Erlebnisbecken, ein beheiztes Freibecken, einen großen Whirlpool sowie eine 100 m lange Riesen-Reifenrutsche. Außerdem ist ein Baby- und Kleinkinderpool mit Wasserspielplatz vorhanden, und es gibt einen großen Badeteich mit Insel und Stegen.

DIE GEGEND ERLEBEN

AN EINEM LANGEN WOCHENENDE

Umringt von imposanten Dreitausendern, wie dem Kitzsteinhorn (3203 m), dem Großen Bärenkopf (3396 m) und dem Großen Wiesbachhorn (3564 m), liegt der **Stausee Moserboden**. Er befindet sich inmitten der Hohen Tauern am Rand des gleichnamigen Nationalparks in rund 2040 m Höhe, oberhalb der Gemeinde Kaprun. Zwei mächtige Staumauern halten den 1,6 km² großen Stausee. Der Technik haben wir es zu verdanken, dass hier durch den künstlichen See eine einmalig schöne Landschaft entstanden ist, die zudem touristisch erschlossen wurde. Vom Parkplatz am Talschluss werden zunächst mit dem Lärchwandschrägaufzug 431 Höhenmeter überwunden. Er ist Europas größter offener Schrägaufzug und das größte Schienenfahrzeug der Welt. Oben angelangt, heißt es in einen Autobus umsteigen. Dieser transportiert die Gäste am unter dem Moserboden gelegenen Stausee Wasserfallboden mit seiner 120 m hohen Staumauer hinauf zum Moserboden. Ein rund 7 km langer Wanderweg führt rund um den Stausee. Von hier nehmen mehrere Routen zu den umliegenden Gipfeln ihren Ausgang. Zudem kann man an Führungen in das Innere der Staumauer teilnehmen. *Parkplatz: Kesselfallstraße 98, A-5710 Kaprun, Ende Mai–Mitte Okt. witterungsabhängig!, www.verbund.com/de-at/ueber-verbund/besucherzentren/kaprun*

IN EINER WOCHE CAMPING

1935 wurde die **Großglockner Hochalpenstraße** eröffnet. Sie ist 48 km lang und führt bis auf eine Höhe von 2504 m. Mit ihr werden die Bundesländer Salzburg und Kärnten verbunden. Die Strecke über den Alpenhauptkamm lässt sich zwar in einer knappen Stunde bewältigen, wovon aber dringend abzuraten ist, schließlich führt sie durch eine außergewöhnliche Hochgebirgslandschaft mit überwältigenden Aussichtspunkten.

Die Großglockner Hochalpenstraße ist berühmt für ihre fantastischen Ausblicke.

Auf dem Weg über den Glockner empfiehlt sich ein Abstecher auf die **Edelweißspitze**. Auf ihr befindet sich ein kleiner Aussichtsturm. Von ihm genießt man einen faszinierenden Rundumblick auf die urtümliche Welt der Nordseite des Alpenhauptkamms. Auch nach Zell am See und weiter zu den Ausläufern der Alpen kann man sehen.
Der Scheitelpunkt der Glocknerstraße führt durch einen schmalen Tunnel, das Hochtor. Hier empfiehlt sich, vor beiden Tunnelportalen haltzumachen und die Landschaft auf sich einwirken zu lassen. Ein Muss ist ein Abstecher auf die Kaiser-Franz-Josefs-Höhe. Auf ihr ist man dem Großglockner mit seinen 3798 m nicht nur am nächsten, man kann, ein Fernglas vorausgesetzt, die Bergsteiger bei ihrem Sturm auf den Gipfel beobachten. Von hier hat man auch einen guten Blick auf die Pasterze. Sie ist mit rund 8 km der längste Gletscher Österreichs. Zudem kann man hier die höchstgelegene Auto- und Motorradausstellung der Welt besuchen. Empfehlenswert ist auf der Franz-Josefs-Höhe auch der Gamsgrubenweg in Richtung Oberwalderhütte. Dazu sollte man sich warm anziehen, denn aus Sicherheitsgründen verläuft der erste Kilometer des Weges durch einen Tunnel. Dahinter wird man dafür mit ausgesprochen schönen Aussichten belohnt.
Mautstelle Ferleiten (Nord): Taxenbacher Fusch 96, A-5672 Fusch an der Glocknerstraße
Mautstelle Heiligenblut (Süd): Untertauern 41, A-9844 Heiligenblut OT Untertauern, Mai–Okt., www.grossglockner.at

Das direkt am Zeller See gelegene **Zell am See** muss man gesehen haben. Die Altstadt liegt auf einem Schwemmkegel des Schmittenbaches. Zu den ältesten Gebäuden der Stadt zählt die mit zahlreichen kunsthistorischen Schätzen ausgestattete Stadtpfarrkirche St. Hippolyt. Ihre ältesten Elemente stammen aus dem frühen Mittelalter. Gleich daneben steht der alte Vogtturm, der um 788 entstanden ist. Ein Hingucker ist auch das Rathaus der Stadt, Schloss Rosenberg aus dem 17. Jahrhundert. Es besitzt Türmchen an der Ecke und macht einen verspielten Eindruck. Sehenswert sind auch die engen Gassen der Altstadt mit ihren historischen Gebäuden, die eine Kreuzung zwischen bayrischem und südländischem Baustil darstellen. So reizvoll Zell am See auch ist, so wirkt es auch ziemlich von Touristen überlaufen. Am besten besucht man die Stadt außerhalb der Hochsaison.
Touristeninfo: Brucker Bundesstraße 1a, A-5700 Zell am See, www.zellamsee-kaprun.com

Kaprun war in erster Linie ein Bergbauerndorf, dessen Bewohner von der Viehzucht lebten. Anfang des 20. Jahrhunderts erlangte es einen Namen als Bergführerdorf. Einen enormen Aufschwung erlebte der Ort dann in den 1950er- und 60er-Jahren mit der Fertigstellung der Tauernkraftwerke und dem Bau einer Gletscherbahn auf das 3203 m hohe Kitzsteinhorn. Sie machte Kaprun zu einem Ganzjahresskigebiet. An die Anfänge des Ortes, der im Jahre 931 erstmals urkundlich erwähnt wurde, erinnert die auf das 12. Jahrhundert zurückgehende Burg Kaprun. 1526 war sie von aufständischen Bauern niedergebrannt und dann um 1600 in ihrem heutigen Grundriss wieder aufgebaut worden. Die adeligen Besitzer wechselten über die Jahrhunderte. Erst nachdem im 20. Jahrhundert zunehmender Verfall der Anlage einsetzte, kümmerte sich der rührige Kapruner Burgverein um die Renovierung des alten Gemäuers. Heute ist die Burg imposante Ku-

lisse für zahlreiche Veranstaltungen, wie dem großen Burgfest. Jedes Jahr im Juli lebt dann für mehrere Tage das Mittelalter wieder auf, mit historischem Festzug, Burgkonzerten, buntem Markttreiben und Ritterturnier. Außerhalb von Veranstaltungen kann man die Kapruner Burg bei einer wöchentlichen Führung kennenlernen.
Schloßstraße 55, A-5710 Kaprun, Führung: ganzjährig Mo 16 Uhr, www.burg-kaprun.at

BEI EINEM AUSGEDEHNTEN CAMPINGURLAUB

Ganz im Westen des Salzburger Landes, im oberen Pinzgau, liegt Krimml. Das Dorf ist für die **größten Wasserfälle Europas**, die fünfthöchsten der Welt, berühmt. Gespeist von zwölf Gletschern stürzt die Krimmler Ache über drei gewaltige Felsstufen 385 m in die Tiefe. Es sind unvorstellbare Wassermassen, die hier donnernd und brausend den Weg ins Tal finden. Ein rund 4 km langer, gebührenpflichtiger Wasserfallweg führt mit zahlreichen Aussichtspunkten und -kanzeln hautnah an die tosenden Fälle heran und in ihren erfrischenden, teils sehr heftigen Sprühregen. Auch wenn oft etwas anderes behauptet wird, ist nur der unterste, asphaltierte Teil des Weges für Kinderwagen geeignet. Für den Wasserfallweg ist gutes Schuhwerk angesagt.
Parkplatz P4, Gerlos Straße, A-5743 Krimml OT Oberkrimml, Mitte April–Ende Okt., www.wasserfaelle-krimml.at

Jedes Jahr im Juli können sich die Besucher von Burg Kaprun im Rahmen des Burgfestes ins Mittelalter versetzen lassen. Höhepunkt des Spektakels ist das Ritterturnier im Burghof.

SCHLUGA CAMPING HERMAGOR 56

Zwischen den Gailtaler und den Karnischen Alpen, umringt von imposanten Zweitausendern, liegt das malerische Gailtal. Dort, wo das Gitschtal einmündet und von wo es nicht weit auf das Nassfeld ist, liegt das kleine Städtchen Hermagor. In diesem touristisch nicht überlaufenen Landstrich findet man alles, was es zum Wohlfühlen braucht: angenehmes Klima, Berge und Seen, verträumte Dörfer, authentische Berghütten und für Aktivurlauber ein nahezu unbegrenztes Freizeitangebot. Für Kinder bietet der Platz einen gut ausgestatteten Spielplatz. Während der Ferienzeiten sorgt ein umfassendes Animationsprogramm für Kurzweil. Ponyreiten, Streichelzoo, Luftikus-Kutschenfahrten, Kasperltheater und Trampolin sind nur einige weitere Optionen, die Kindern Spaß machen. Zu mieten gibt es ferner Go-Karts, Kanus und Tretboote.

Vellach 15, A-9620 Hermagor-Pressegger See OT Obervellach,
Tel. +43 42 82/20 51, www.schluga.com, ganzjährig
www.pincamp.de/kt1630

Fläche	5,5 ha
Standplätze Touristen	215
Dauercamper	35
Mietunterkünfte	26
Hunde	willkommen
WLAN	ja

Zum Baden hat man hier die Qual der Wahl. Neben einem 500 m^2 großen Naturschwimmteich kann man sich gleich nebenan ins erfrischende Nass des 120 m^2 großen beheizten Freibads mit separatem 20-m^2-Kinderbecken stürzen. Bei Schlechtwetter kann man ins ganzjährig geöffnete Hallenbad mit Gegenstromanlage ausweichen. Am 4 km entfernten Pressegger See steht den Gästen ein eigener Strandabschnitt zur Verfügung.

TERRASSENCAMPING MALTATAL 57

Nein, dieses Malta liegt zwar nicht im Mittelmeer, dafür aber in der eindrucksvollen Hochgebirgslandschaft der Hohen Tauern. Das Maltatal ist umringt von bis über 3000 m hohen Gipfeln und bildet den östlichen Eingang in den Nationalpark Hohe Tauern. Es ist das größte Schutzgebiet der Alpen. Dementsprechend hoch ist der Stellenwert, welcher der Natur und Nachhaltigkeit geschenkt wird. Der Campingplatz mit dazugehörigem Hotel/Restaurant ist ein traditioneller Familienbetrieb. Die Bedürfnisse von Familien, Kindern und Hunden stehen ganz oben, es geht lebhaft, aber sehr entspannt und herzlich zu. Das große Freibad in der Platzmitte gehört der Gemeinde und kann gegen einen kleinen Eintritt genutzt werden. Wer sich einfach nur entspannen möchte, hat dazu im Dampfbad, der Infrarotkabine und der Sauna Gelegenheit. Ansonsten ist es hier fast ein Muss, sich in die faszinierende Bergwelt zu begeben.

Malta 6, A-9854 Malta OT Unter-Malta, Tel. +43 47 33/23 40,
www.camping-maltatal.at, Mitte April–Mitte Okt.
www.pincamp.de/kt1500

Fläche	4 ha
Standplätze Touristen	239
Dauercamper	10
Mietunterkünfte	7
Hunde	willkommen
WLAN	ja

KOMFORT-CAMPINGPARK BURGSTALLER 58

Der Millstättersee ist eine der beliebtesten Ferienregionen im südlichen Österreich. In Döbriach am Ostende des malerisch gelegenen Sees hat man den Vorteil, dass es hier im Sommer noch nicht ganz so stark von Touristen wimmelt wie an weiter westlich gelegenen Orten.

Um sich von den benachbarten Campingplätzen abzuheben, braucht es Innovationen und Originalität. Beides wird an diesem Platz gelebt. So gibt es hier, wie es die Platzleitung nennt, Europas ungewöhnlichstes Sanitärgebäude. Außen windschief, innen mit modernstem Komfort, unter anderem mit einer Kinder-Waschlandschaft im Stile eines Piratennestes. Kurios ist auch der sich mit der Sonne drehende Standplatz.

Infrastruktur und Animationsangebote für Kinder, Familien und Erwachsene sind überbordend. Hier ist immer richtig was los. Begonnen von gemeinsamen Sportspielen bis hin zum Ponyreiten. Bei über dem Lagerfeuer gebratenem Stockbrot und Grillwürstchen am Spieß kommt echtes Campingfeeling auf.

Seefeldstraße 16, A-9873 Döbriach, Tel. +43 42 46/77 74,
www.burgstaller.co.at, Mitte April– Mitte Okt.
www.pincamp.de/kt1080

Fläche	12 ha
Standplätze Touristen	500
Dauercamper	50
Mietunterkünfte	44
Hunde	erlaubt
WLAN	ja

Der Campingplatz liegt rund 200 m vom Millstätter See entfernt. Also schnell mal ins erfrischende Nass und sofort zurück auf den Platz geht nicht. Dafür wartet am Ufer nicht nur ein eigenes Strandbad mit beheiztem Pool, auch die Eintritte in alle anderen Strandbäder sowie weitere Freizeiteinrichtungen in der Region sind inklusive.

CAMPING AM WALDBAD 59

Das Obere Drautal liegt eingebettet zwischen der Kreuzeck-Gruppe im Norden und den Gailtaler Alpen im Süden. Der anerkannte Luftkurort Dellach liegt etwa in der Mitte dieser Region auf einer Meereshöhe von 606 m. Rund um den Ort findet sich ein weitgefächertes Netz an Wander- und Radwegen sowie Lauf- und Nordic-Walking-Strecken. Selbst Parcours für Mountainbike-Touren aller Schwierigkeitsgrade sind vorhanden.
Am südlichen Talende, direkt am Waldrand und dort, wo es im Sommer schon mal etwas schattiger und angenehmer sein kann, befinden sich ein großer Abenteuerspielplatz und ein modernes Erlebnisbad. Es besitzt je ein Sport-, Erlebnis- und Kinderbecken sowie eine Riesen-Wasserrutsche. Um das Bad gruppiert sich der kleine gemeindeeigene Campingplatz. Er ist eingebettet in der parkähnlichen Freizeit- und Sportanlage und zählt sicher zu den schönsten Plätzen in Kärnten. Hier ist man unter sich und kann, unabhängig vom breit gefächerten Angebot, Ruhe und Stille tanken.

Raßnig 8, A-9772 Dellach (Drautal), Tel. +43 47 14/288,
www.camping-waldbad.at/de, Mitte April–Sept.
www.pincamp.de/kt1710

Fläche	11 ha
Standplätze Touristen	190
Dauercamper	45
Mietunterkünfte	48
Hunde	bedingt erlaubt
WLAN	ja

DIE GEGEND ERLEBEN

AN EINEM LANGEN WOCHENENDE

Eingebettet in einer Talsenke der Gailtaler Alpen liegt der **Weißensee**. Ringsum gruppieren sich mehrere imposante, bis über 2000 m hohe Berge um den lang gestreckten See. Sie ragen gleich hinter seinen Ufern steil empor und sorgen so für eine beeindruckende Kulisse. Der See ist so klar und sauber, dass man sein Wasser trinken kann. Unter den großen Kärntner Badeseen ist er der alpinste. Sein Wasserspiegel liegt auf 930 m. Am Weißensee geht es eher gemütlich und familiär zu. Die vielen Badestellen und das im Sommer bis zu 24 Grad warme, kristallklare Wasser sind ein Paradies für Wasserratten. Natürlich wird hier auch gefischt, getaucht, gesurft und gesegelt. Zudem warten rund 200 km markierte Wege, die bis in 2200 m Höhe reichen, auf die Wanderer. Der gesamte Ostteil des rund 11 km langen Sees ist komplett unverbaut. Wunderschön ist die Wanderung von Neusach am Nordufer entlang zur Ostspitze bei Ortsee. Sportliche steigen aufs Mountainbike und freuen sich über die angebotenen Strecken und Trails, wie auf die Naggler Alm.
Der Weißensee ist im Winter ein beliebtes Eislaufparadies. Sobald die Eisdicke des Sees ausreichend stark ist, wird von seiner Westspitze bis Techendorf ein etwa 4 km langer Rundkurs präpariert.
Touristeninfo: Techendorf 78, A-9762 Weißensee, Tel. +43 47 13/22 20, www.weissensee.com

Von Ende April bis Ende Oktober verkehren auf dem Weißensee mehrere **Ausflugsschiffe**. Während der Hauptsaison startet ca. alle 50 Minuten ein Schiff zu einer Rundfahrt am See. Details zum Fahrplan sind der Homepage zu entnehmen. Startpunkt ist die Straßenbrücke über den See bei Techendorf. Von dort geht es in rund einer Stunde an das Ostufer. Währenddessen werden sechs Anlegestellen angelaufen, an denen man zum Wandern aussteigen kann. Die traumhafte Landschaft verändert sich zwischen dem Startpunkt und dem Ostufer doch mehr als erwartet. Eine komplette Schiffsrundfahrt ohne Unterbrechung dauert etwa zwei Stunden.
Startpunkt Anlegestelle in der Mitte der Techendorfer Brücke, A-9762 Weißensee, www.weissensee-schifffahrt.at

IN EINER WOCHE CAMPING

Esel sind stur und bockig, heißt es. Dass genau dieses Vorurteil nicht zutrifft, davon kann man sich im **Eselpark Maltatal** im Herzen des Nationalparks Hohe Tauern überzeugen. Über 100 Tiere unterschiedlicher Rassen, von amerikanischen Miniatur- bis zu spanischen Rieseneseln, beherbergt dieser Familienpark. Die Tiere lassen sich gerne streicheln und auch Kinder auf sich reiten.
Malta 55, A-9854 Malta, Ende April–Sept. tgl., Okt. Sa, So, nur bei Schönwetter, www.eselpark.at

Das malerische **Kärntner Gmünd** befindet sich am Rande des Nationalparks Hohe Tauern und des Biosphärenparks Nockberge. Das verträumte Künstlerstädtchen ist reich an historischen Bauten und Gassen. Erwähnenswert ist die im 14. Jahrhundert gebaute Pfarrkirche. Die aus dem 13. Jahrhundert stammende Stadtbefestigung ist noch weitgehend erhalten und grenzt das historische Zentrum auf malerische Weise ein. Besonders imposant wirkt das Untere Stadttor. Bemerkenswert sind ferner das Antonius-Spital von 1340 und Schloss Londron. Auf einer Anhöhe thront die Ruine der Burg Gmünd. Von ihr hat man einen schönen Überblick auf die Altstadt. In der Alten Burg ist zudem ein Restaurant untergebracht.
Hauptplatz 20, A-9853 Gmünd in Kärnten, www.familiental.com

BEI EINEM AUSGEDEHNTEN CAMPINGURLAUB

In Gmünd wurde Automobilgeschichte geschrieben. Nach der Bombardierung des Stuttgarter Werks verlegte Ferdinand Porsche sein Entwicklungsbüro nach Kärnten. Hier erlebten die heute weltweit bekannten Porsche-Sportwagen ihre Geburtsstunde. In einer kleinen Scheune wurden ab 1948 die ersten Porsche 356 gebaut. In den ehemaligen Hofstallungen der Grafen von Lodron befindet sich heute ein **Museum** mit einer gar nicht so kleinen Kollektion an **Sportwagen**.
Riesertratte 4a, A-9853 Gmünd in Kärnten, Öffnungszeiten siehe Homepage, www.auto-museum.at

Im Eselpark Malta ist es vor allem für Kinder ein großartiges Erlebnis, die verschiedensten Arten der zu Unrecht als störrisch verschrieenen Vierbeiner hautnah erleben zu können.

SEECAMPING BERGHOF 9|60

Ein sagenhaftes Fleckchen Erde. Das tiefe Blau des Ossiacher Sees und dahinter die bewaldeten Hänge der über 1900 m hohen Gerlitzen, das sind die Aussichten, die man direkt am Seeufer genießt. Eine 800 m lange Seepromenade und zwei Badestrände laden an den See ein.
In dieser Idylle befindet sich der enorm liebevoll gestaltete und umsichtig betriebene Platz. Camper finden auf dem mehrfach terrassierten Gelände am Südufer des Ossiacher Sees gärtnerisch gestaltete Standplätze mit großartigem Panorama. Umfangreiche Veranstaltungsangebote für Spiel, Sport und Unterhaltung wenden sich an alle Altersgruppen. Die vielfältigen Animationsprogramme reichen von geführten Waldspaziergängen über Livemusik am Strand bis zum Sautrog-Wettpaddeln auf dem See.

Süduferstraße 241, A-9523 Villach, OT Landskron,
Tel. +43 42 42/411 33, www.seecamping-berghof.at,
Mitte April–Mitte Okt.
www.pincamp.de/kt1010

Fläche	16 ha
Standplätze Touristen	390
Dauercamper	10
Mietunterkünfte	28
Hunde	bedingt erlaubt
WLAN	ja, kostenpflichtig

Die unmittelbare Umgebung des Campingplatzes hält zahlreiche Ausflugsziele bereit. Dazu zählen ein Besuch von Villach, der mächtigen Burgruine Landskron und der Gerlitzen. Von 1909 m Höhe genießt man einen umwerfenden Rundumblick. Zudem kann man den See und die Umgebung auch zu Wasser, an Bord der »MS Ossiach«, erkunden.

CAMPING ARNEITZ 61

Der Faaker See befindet sich nur wenige Kilometer von Villach entfernt auf einer kleinen Anhöhe. Von ihm hat man eine fantastische Aussicht auf die markante Villacher Alpe, das Karawanken-Massiv mit dem Mittagskogel und das Gailtal. Den unmittelbar am Ostufer des Sees gelegenen Campingplatz bemerkt man erst gar nicht. Von der Ferne meint man hier, ein keines Wäldchen vorzufinden. In ihm befindet sich ein Großteil der Stellplätze, womit an heißen Sommertagen für reichlich Schatten gesorgt ist. Angenehm auch, dass die natürlichen Schattenspender bis nah an den Kieselstrand reichen. Gleich am Eingang wird klar, dass man es hier nicht mit einer üblichen Campingunterkunft zu tun hat. Der frei zugängliche Spiel- und Erlebnispark des »Arneitz Village« macht vor allem kleinere Kinder glücklich. Märchenschloss, Spieleschiff, Haifischhüpfburg, Fahrgeschäfte, Show-Aufführungen und vieles mehr werden hier, teils kostenpflichtig, geboten. Zudem kann man Roller, Drei- und Laufräder unentgeltlich leihen.

Seeufer-Landesstraße 53, A-9583 Faak am See, Tel. +43 42 54/21 37,
www.camping-arneitz.at, Ende April–Sept.
www.pincamp.de/kt0650

Fläche	6 ha
Standplätze Touristen	400
Dauercamper	keine
Mietunterkünfte	nein
Hunde	bedingt erlaubt
WLAN	ja

Der Kiesstrand am See punktet mit Steg, Badeinsel und Wasserrutsche. Im Juli und August gibt es an sechs Tagen der Woche Kinderanimation. Der Rest der Familie kommt in den Genuss abendlicher Livemusik. Für Unterhaltung und Beschäftigung der lieben Kleinen bis zum Umfallen ist gesorgt. Daneben ist der Platz aber auch ein Ort der Entspannung. So findet hier jeder, was er sucht.

FAMILIEN- UND ERLEBNISCAMPING POGLITSCH 62

Der Dorfteich von Faak am See wird vom Seebach durchflossen, der anschließend seinen Weg in unzähligen Schleifen durch den Schilfgürtel zum Faaker See sucht. Der Teich ist eine kleine, abgeschlossene Welt für sich. Ruhig und beschaulich liegt er da – nur einen Steinwurf vom Touristen-Hotspot Faaker See entfernt und doch irgendwie unendlich weit weg von diesem. Hier werden sich alle glücklich schätzen, denen es nicht nach großem Trubel dürstet. Hier ist Beschaulichkeit angesagt und Gemeinsamkeit im Kreise der Familie. Auf Aktivitäten aller Art braucht man dennoch nicht zu verzichten. So bietet das Freizeitgelände Sportanlagen, groß angelegte Kinderspielplätze und einen Kinderbadesee. Daneben gibt es Animationsprogramme wie die Kinderolympiade, Kasperltheater, geführte Wanderungen und Radtouren.

Kirchenweg 19, A-9583 Faak am See, Tel. +43 42 54/27 18,
www.kindercamping.at, April–Mitte Okt.
www.pincamp.de/kt0720

Fläche	6 ha
Standplätze Touristen	210
Dauercamper	20
Mietunterkünfte	19
Hunde	erlaubt
WLAN	ja

DIE GEGEND ERLEBEN

IN EINER WOCHE CAMPING

Am westlichen Ende des Ossiacher Tauern ragt auf einem Felskegel **Burg Landskron** 135 m über der Ebene empor. Die mächtige Burganlage nordöstlich von Villach wurde 1351 erstmals urkundlich erwähnt. Funde belegen aber, dass Landskron bereits im 9. Jahrhundert besiedelt war. 1812 schlug ein Blitz in das inzwischen zum Prunkschloss erweiterte Anwesen ein, das vollständig ausbrannte. Seit den 1950ern wird in der Burgruine ein Restaurant betrieben. Burg Landskron ist über einen stillen Fußweg oder direkt mit dem Auto erreichbar. Von der Burganlage genießt man tolle Aussichten auf die Karawanken und Julischen Alpen sowie auf die Kanzelhöhe, den Ossiacher See und das Villacher Becken.
Auf der Burgruine Landskron ist auch ein Greifvogelpark untergebracht, der im Sommer regelmäßig Flugschauen präsentiert. Während der rund 40-minütigen Vorführungen kann man am Himmel frei fliegende Greifvögel wie Adler, Bussarde, Habichte, aber auch Falken und mehr, bewundern, wie sie im Aufwind schweben und atemberaubende Flugmanöver durchführen. Zudem erfährt man Wissenswertes über Verhalten und Lebensgewohnheiten der zum Teil bedrohten Tiere.
Adlerarena: Schlossbergweg 30, A-9523 Landskron, Ende April–Ende Okt., www.burg-landskron.at, www.adlerarena.com

Ja, in Kärnten gibt es frei lebende Affen! Auf dem **Landskroner Affenberg**, direkt unter der Burgruine Landskron, kann man die hier über 160 ansässigen Japanmakaken nicht nur hinter Glas oder Gittern beobachten, sondern bei einer 50-minütigen fachkundigen Führung in freier Wildbahn erleben. Man sieht die Aufzucht der Jungtiere, das gegenseitige Lausen und ab und zu auch, wie die Tiere in Streit geraten. Gelegentlich kann man die Affen auch beim Schwimmen und Tauchen betrachten.
Schlossbergweg 18, A-9523 Landskron, April–Okt., www.affenberg.com

BEI EINEM AUSGEDEHNTEN CAMPINGURLAUB

Der 2166 m hohe **Dobratsch** ist nicht nur der Hausberg der Villacher, er ist auch ein mächtiger, das Landschaftsbild prägender Gebirgsstock. Um ihn liegt auch Kärntens ältestes Naturschutzgebiet. Auf den Berg gelangt man über die mautpflichtige Villacher Alpenstraße. Die Panoramastraße ist eine der schönsten in ganz Österreich. Auf dem Weg nach oben kann man elf Aussichtspunkte ansteuern. Beim Parkplatz 6 der Villacher Alpenstraße liegt auf 1500 m Seehöhe der Villacher Alpengarten. Von oben genießt man sensationelle Aussichten auf das Karstgebirge und die Alpengipfel in Italien und Slowenien. Vom Parkplatz geht es zu Fuß weiter über den Jägersteig oder eine für den allge-

meinen Verkehr gesperrte Straße zum Gipfel des Dobratsch mit dem Gipfelhaus. Hier kann man auch zwei Wallfahrtskirchen besuchen. Davon ist die Kirche Maria am Stein die höchstgelegene Bergkirche Europas.
Ganzjährig geöffnet, www.villacher-alpen strasse.at

Unmittelbar am Fuße des Dobratsch liegt in **Warmbad Villach** das moderne Thermalbad »Kärntentherme«. Gleich hinter dieser breitet sich eine sanft ansteigende Waldlandschaft aus. In ihr entspringt das Maibachl, eine Thermalquelle. Sie gehört zu einer Reihe von Thermalquellen, die in Warmbad Villach für Kur- und Heilzwecke genutzt werden. Genau genommen bildet sich das Maibachl aus dem Überlauf dieser therapeutisch genutzten Quellen, womit es Heilwasser ist. In der Nähe der Hauptquelle haben sich im Laufe der Zeit zwei Quellbecken gebildet, die das Maibachl durchfließt. In den natürlichen Becken hat sich das etwa 28 Grad warme Wasser gesammelt. Wer davon weiß, hat beim Spazierengehen seine Badesachen mit dabei, egal ob im Sommer oder sogar bei Schnee im Winter. Infrastruktur gibt es hier keine, aber es ist schon ein ganz besonderes Feeling, in einem warmen Bach mitten im Wald Thermalwasser zu genießen. Am besten parkt man im Parkhaus beim Bahnhof Warmbad Villach. Von dort geht man vor zum Kreisverkehr und biegt in die Judendorfer Straße ein. Nach etwa 300 m gelangt man zu einem Weg, der linker Hand zum Maibachl führt.
Kärntentherme: Kadischenalle 25, A-9504 Warmbad Villach, das Parkhaus ist schräg gegenüber auf der anderen Straßenseite

Weit über hundert Japanmakaken bevölkern den Affenberg bei Landskron. Im Rahmen fachkundiger Führungen lassen sich diese putzigen Wesen aus nächster Nähe erleben.

CAMPING BREZNIK TURNERSEE 63

Ursprünglich und unverbaut ist der übersichtliche Turnersee ein europäisches Naturschutzgebiet. Er ist der Rest eines nacheiszeitlichen Sees, der allmählich verlandet. Breite Schilfbestände und Kalkflachmoore sind dafür charakteristisch, und sie sorgen für ein ganz eigenes, unverkennbares Flair. Hier, im östlichen Teil Kärntens, ist das raue Gebirge bereits fern. Hier dominieren sanfte Hügellandschaften, die zum Süden hin die Karawanken als Kulisse haben.
Der See ist zwar klein, dafür aber einer der wärmsten in ganz Österreich und somit ein beliebtes Baderevier. Im Sommer erreicht das Wasser bis zu 28 Grad. Das Strandbad des Campingplatzes mit Steg und großer Badeplattform ist von unberührten Schilfflächen eingerahmt. Für kleinere Kinder gibt es einen abgetrennten Bereich mit flachem Einstieg. Am Campingplatz werden zudem geführte Rad- und Wandertouren und ein kostenloser Transfer zum rund 3 km entfernten Reitstall angeboten. Man übernimmt auch die Organisation von Reitkursen und Ausritten.

Unternarrach 21, A-9123 St. Kanzian am Klopeiner See
OT St. Primus, Tel. +43 42 39/23 50, www.breznik.at,
Mitte April–Sept.
www.pincamp.de/kt0100

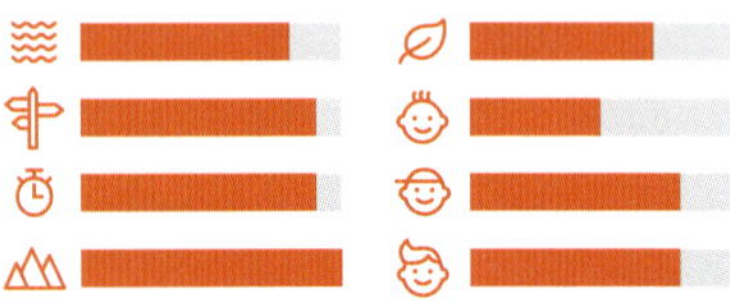

Fläche	8,5 ha
Standplätze Touristen	160
Dauercamper	210
Mietunterkünfte	30
Hunde	erlaubt
WLAN	ja, teilweise

Von Ende Juni bis Anfang September wird ein engagiertes Animationsprogramm für Kinder ab 3 Jahren geboten. Indianerspiele, Wettbewerbe, Gemeinschaftsgrillen am offenen Feuer sind nur einige der Aktivitäten. Der große Spielplatz im Freien bietet Klettertürme für kleine und große Kinder, ein Riesentrampolin und einen großen Sandspielbereich. Für Schlechtwettertage gibt es auch einen Indoor-Spielplatz.

TERRASSENCAMPING ILSENHOF 64

In der Stille liegt die Kraft. Dieses Motto passt gut für den Süden Unterkärntens, dort, wo die Karawanken und das sanfte Hügelland in kleine, teils schon sehr alte Seen eingebettet sind.

Ruhig und beschaulich geht es auf dem recht kleinen Campingplatz zu. Großer Aufwand, den man von anderen Plätzen kennt, wird hier nicht betrieben. Man beschränkt sich auf das Wesentliche. Hier geht es nicht um Luxus, sondern alleine um Funktionalität. Einfachheit und authentisches Naturerleben lässt sich sehr gut mit zeitgemäßer Infrastruktur kombinieren. Krampfhafte Bespaßung gibt es hier nicht, dafür findet man auf dem in mehreren Etagen angelegten Platz eine faszinierende Aussicht auf den See und die Karawanken. Für die Kleinen gibt es einen Kinderspielplatz. Außerdem werden Ponyreiten und Reitkurse geboten.

Obersammelsdorf 10 bzw. 1, A-9122 St. Kanzian am Klopeiner See,
Tel. +43 676/33 155 32, www.ilsenhof.at, Ende April–Okt.
www.pincamp.de/kt0110

Fläche	2 ha
Standplätze Touristen	100
Dauercamper	95
Mietunterkünfte	10
Hunde	erlaubt
WLAN	ja, teilweise

Das schöne Strandbad bietet mehrere Badebuchten mit flachem Einstieg. Außerdem gibt es zwei Stege, ein Kinderplanschbecken und eine Wasserrutsche. Auf dem zugehörigen Reiterhof können Kinder von 4 bis 7 Jahren spielerisch den Umgang mit Ponys lernen, und es gibt weitere Angebote für Pferdefreunde. Freitags endet der Tag mit einem Märchenabend am Lagerfeuer und anschließender Fackelwanderung.

CAMPING PIRKDORFER SEE 65

Das südlich von Bleiburg gelegene Bergmassiv der 2113 m hohen Petzen ist die eindrucksvolle Kulisse des Pirkdorfer Sees. An seinem Gipfel treffen Österreich und Slowenien zusammen. Der Campingplatz liegt eingebettet zwischen Wiesen und Wäldern und fernab großer Städte. Für ausgedehnte Spaziergänge und Wanderungen findet man hier die idealen Voraussetzungen, ebenso wie für Radausflüge in die nähere Umgebung.
Der Badesee ist zwar künstlich angelegt, fügt sich aber harmonisch in die Landschaft ein. Zudem erreicht er im Sommer schnell angenehme Temperaturen bis zu 27 Grad. Der Campingplatz schließt unmittelbar an das Strandbad an. Im angrenzenden Hotel können Spiel- und Freizeiträume genutzt werden. Auch draußen gibt es diverse Spiel- und Sportangebote, darunter einen Skaterplatz mit Halfpipe, eine BMX-Bahn und eine Kletterwand.

Pirkdorf 29, A-9143 Feistritz ob Bleiburg OT St. Michael,
Tel. +43 42 30/321, www.pirkdorfersee.at, ganzjährig
www.pincamp.de/kt0160

Fläche	10 ha
Standplätze Touristen	30
Dauercamper	170
Mietunterkünfte	nein
Hunde	erlaubt
WLAN	ja

CAMPING ROSENTAL ROŽ 66

Das Rosental ist südlich von Klagenfurt gelegen und wird von der Drau durchflossen. Im Norden wird es vom rund 900 m hohen Höhenzug der Sattnitz, im Süden von den schroffen Ausläufern der Karawanken begrenzt. Ein lieblicher, beschaulicher Landstrich ist das hier. Camping Rosental befindet sich inmitten der Natur grüner Auen, rund um einen kleinen Badeteich. Es ist auch der südlichste Campingplatz von ganz Österreich. Auf ihm wird in allen Bereichen speziell auf die Ansprüche von kleinen und kleinsten Kindern geachtet. Im Miniclub wird umfangreiche Freizeitgestaltung angeboten. Zu den Highlights zählen Kinderausflüge, Indianerfeste, ein Besuch des Streichelzoos sowie Natur- und Kinderwanderungen und sogar Fackelabende. Dazu gibt es mehrere Spiel- und Sportplätze und ein großes Piratenschiff. Für die Kleinsten kann man vor Ort kostenfrei Kinderbuggys und Rückentragen ausborgen.

Gotschuchen 34, A-9173 St. Margareten im Rosental, Tel. +43 42 26/81 00,
www.camping.rozweb.eu, Mitte April–Anf. Okt.
www.pincamp.de/kt0300

Fläche	8 ha
Standplätze Touristen	400
Dauercamper	10
Mietunterkünfte	23
Hunde	willkommen
WLAN	ja

Der kleine, rund 8000 m² große Badesee liegt mitten am Platz und ist von allen Seiten zugänglich. Von klarem Quellwasser aus den Bergen gespeist, wird der See bis zu 24 Grad warm. Für Kinder ist der Badeteich ideal. Zudem ist er groß genug für Schwimmer. Auch Luftmatratzen und Schlauchboote finden darauf genügend Platz.

DIE GEGEND ERLEBEN

AN EINEM LANGEN WOCHENENDE

Burg Hochosterwitz sieht aus wie einem Märchenbuch entsprungen. Auf einem steilen, 175 m hohen Felskegel erhebt sich eine machtvolle Burglandschaft aus Mauern, Zinnen und Türmen hoch über das Land. Kein Feind konnte Österreichs wohl berühmteste Ritterburg jemals erobern. Man merkt warum, wenn man den steilen Pfad erklimmt, der durch mehrere Mauerringe in die Burg führt. 14 mit unterschiedlichsten Mechanismen bewehrte Tore sind nacheinander zu überwinden. Weil kein Gegner das Innere von Burg Hochosterwitz je antasten konnte, ist noch alles da: Burgkirche, Ahnengalerie, Ritterrüstungen, Waffenkammer und vieles mehr. Burg Hochosterwitz ist eines der Wahrzeichen Kärntens und eine der herausragendsten Sehenswürdigkeiten. Sie stammt aus der Zeit des 14. und 15. Jahrhunderts und ist reich ausgeschmückt. Sie ist ein Ebenbild dessen, was man sich heute noch unter einer Ritterburg vorstellt. Der reizvollere, aber auch anstrengendere Weg auf die Burg ist es, den Hügel zu Fuß zu erklimmen. Bequemer und schneller geht es mit dem Lift.
Hochosterwitz 1, A-9314 St. Georgen am Längsee OT Launsdorf, April–Okt., www.burg-hochosterwitz.com

In 1078 m Seehöhe ist eine der schönsten Sehenswürdigkeiten ganz Österreichs in der Region Klopeinersee entstanden. Die 200 Millionen Jahre alte **Obir-Tropfsteinhöhle** wurde 1870 von Bergleuten entdeckt, die auf der Suche nach Blei und Zink waren. Heute ist man fasziniert von dieser einzigartigen unterirdischen Welt, die durch effektvoll gesetztes Licht eindrucksvoll in Szene gesetzt wird. Von den rund 5000 m bekannten Höhlenlängen sind 800 m touristisch erschlossen. Neben ewig währender Natur sind hier auch unverkennbare Spuren historischen Bergbaus zu sehen. Eine Besichtigung der Höhlen ist nur im Rahmen einer Führung möglich. Ab dem Kartenbüro am Hauptplatz von Bad Eisenkappel wird man mit einem Bus zum Höhleneingang gefahren. Die Anrei-

Die bestens erhaltene Burg Hochosterwitz ist Besuchermagnet und Wahrzeichen Kärntens.

se mit dem Privat-Pkw ist nicht möglich. Die Führung durch die Höhle dauert etwa 90 Minuten. Für den gesamten Besuch sind jedenfalls 3 Stunden zu veranschlagen. Aus Sicherheitsgründen dürfen Kinder unter 4 Jahren nicht in die Höhle. Vor einem Besuch wird eine Vorreservierung per Telefon oder online empfohlen.
Hauptplatz 7, A-9135 Bad Eisenkappel, Ende April–Mitte Okt., Besucherbus-/Führungszeiten siehe Homepage, www.hoehlen.at

IN EINER WOCHE CAMPING

Berühmte Bauwerke aus aller Herren Länder wurden im **Minimundus** im Westen Klagenfurts detailgetreu, großteils mit Originalbaustoffen nachgebaut und in einem Park zusammengefasst. Die ganze Welt im Maßstab 1:25, so lässt sich Minimundus am besten erklären. Doch der Schein trügt. Denn so richtig klein sind die Modelle nun doch nicht. Am Miniatur-Petersdom hatte man ganze sechs Jahre gearbeitet. Das größte Modell ist der CN-Tower aus Toronto. Er ist stolze 23 m hoch und 20 Tonnen schwer. Daneben gibt es viele weitere sehenswerte Modelle, wie das Opernhaus von Sydney, das Riesenrad, Schloss Neuschwanstein, Burg Hochosterwitz, den Eiffelturm, die Freiheitsstatue und vieles mehr. Insgesamt sind es 159 Modelle (Stand 2019). Eltern und Kinder können hier in 80 Minuten um die Welt reisen. Es gibt auch einen großen Abenteuerspielplatz und eine Indoor-Erlebniswelt mit wechselnden Themenausstellungen. Gleich neben Minimundus befindet sich auch ein Planetarium.
Villacher Straße 241, A-9020 Klagenfurt, siehe Homepage, ganzjährig geöffnet, www.minimundus.at

In der **Walderlebniswelt Klopeiner See** wartet auf Kinder ein riesiger Abenteuerspielplatz mit über 80 Attraktionen. Abenteuerlust und gute Nerven sind hier gefragt. Etwa, wenn es über den Hochseilpark mit 44 Elementen und sieben Seilrutschen, Baumstammbrücken und Kletternetze geht. Das Herzstück der Anlage ist ein Baumwipfelpfad, der in eine Höhe von 25 m führt. Zu den weiteren Attraktionen zählen ein Riesenhüpfkissen, Labyrinth, ein Balancierweg und unterirdischer Fuchsbau. Es gibt im Wald am Klopeiner See eine Menge zu entdecken und zu erleben. Zum Teil erfordern die Attraktionen für Kinder unter 14 Jahren die Begleitung eines Elternteils.
Schulstraße 8, A-9123 St. Kanzian am Klopeiner See, Ostern–Okt. Öffnungszeiten siehe Homepage, www.walderlebniswelt.at

BEI EINEM AUSGEDEHNTEN CAMPINGURLAUB

Man möchte es nicht für möglich halten, welch faszinierende Welten sich selbst im Inneren eines kleinen Berges auftun können. Die **Tropfsteinhöhle Griffen** befindet sich direkt unter dem Burgberg, auf dem eine alte Burgruine aus dem 12. Jahrhundert thront. Die bislang älteste Besiedlung Kärntens wurde in dieser Höhle nachgewiesen: Vor mehr als 30 000 Jahren lagerten hier bereits steinzeitliche Jäger. Der Eingang befindet sich gleich hinter der Pfarrkirche von Griffen. Im

Inneren erwartet die Besucher die bunteste Schauhöhle Österreichs. Die Höhle ist nur im Rahmen einer rund 40-minütigen Führung zu erkunden. An warme Kleidung – die Innentemperatur liegt bei 8 Grad – und gutes Schuhwerk sollte man unbedingt denken.
Kirchgasse 4, A-9112 Griffen, Führungen Mai–Okt., www.tropfsteinhoehle.at

Die wildromantische Landschaft zwischen Ferlach und der slowenischen Grenze durchzieht eine spektakuläre Schlucht. Vom Parkplatz an der Loiblpass-Bundesstraße B 91, südlich von Unterloibl, führt ein Weg hinunter zum Loiblbach und zum Eingang in die **Tscheppaschlucht**. Auf abenteuerlich anmutenden, aber sicheren Stegen, Brücken und Leitern durchquert man das mehr als 1 km lange Naturwunder, umtost von Wasserfällen und Stromschnellen. Höhepunkt und Ende des Wegs ist der grandiose, 26 m hohe Tschaukofall. Wem das noch nicht genug Abenteuer war, kann auch noch dem nahe gelegenen Waldseilpark Tscheppaschlucht einen Besuch abstatten und die Schlucht beispielsweise in luftiger Höhe auf einer 300 m langen Seilrutsche überqueren. Ansonsten steht ein Shuttlebus bereit, der Schluchtenwanderer zum Ausgangsparkplatz zurückbringt.
Schlucht: Parkplatz Tscheppaschlucht Bundesstraße B 91, A-9163 Ferlach OT Unterloibl, Ende April–Ende Okt., www.tscheppaschlucht-ferlach.at
Waldseilpark: Parkplatz Tscheppaschlucht Bundesstraße B 91, A-9163 Ferlach OT Unterloibl, Ende April–Mitte Okt., www.waldseilpark-tscheppaschlucht.at

200 Millionen Jahre zu Stein gewordene Zeit: In der spektakulären Obir Tropfsteinhöhle in der Nähe von Bad Eisenkappel lässt sich dieses geologische Wunder bestaunen.

CAMPING OLACHGUT 67

Die Obersteiermark ist der gebirgige und waldreiche Norden des Bundeslandes. Am Nordrand der Gurktaler Alpen schließt das Murtal an. Obwohl das Gebirge sanft wirkt, sind seine Gipfel bis über 2000 m hoch.
Unweit des malerischen Örtchens Murau befindet sich der an eine Landwirtschaft angeschlossene Campingplatz innerhalb einer kleinen Schleife des hier noch beschaulichen Flüsschens Mur. »Erlebnis Bauernhof« heißt es hier. Hier werden vom Aussterben bedrohte Rassen, wie das Kärntner Brillenschaf und Noriker, gehalten. Zudem ist eine große Reitanlage vorhanden. Die Umgebung lässt sich im Rahmen von Kutschenfahrten oder geführten Ausritten erkunden. Zudem kann man an organisierten Raftingtouren und Wanderungen teilnehmen. Der Natur ist man auch ganz nah, wenn es ans Baden und Angeln im angrenzenden, rund 1 ha großen Teich geht.

Kaindorf 90, A-8861 St. Georgen am Kreischberg,
Tel. +43 35 32/21 62, www.olachgut.at/de/camping.html,
ganzjährig
www.pincamp.de/sm0390

Fläche	10 ha
Standplätze Touristen	125
Dauercamper	40
Mietunterkünfte	8
Hunde	willkommen
WLAN	ja, teilweise

Ein großer Kinderspielplatz bietet reichlich Platz zum Spielen. Es wird ein Ferienprogramm für die ganze Familie geboten, bei dem jeder selbst herausfinden kann, was ihm am meisten Spaß macht. Im Sommer stehen Lagerfeuerromantik, Fackelwanderungen, Fischen, Bogenschießen und geführte Wanderungen auf dem Programm. Darüber hinaus kann man sich beim Skaten auspowern.

Fläche	5,5 ha
Standplätze Touristen	45
Dauercamper	1
Mietunterkünfte	226
Hunde	bedingt erlaubt
WLAN	Rezeption und Restaurant

CAMPING BELLA AUSTRIA 68

Mit bis über 2800 m Höhe sind die Schladminger Tauern ein imposanter Gebirgszug. In ihrem Nahbereich liegt der überschaubare Platz, der sich primär auf Mietunterkünfte spezialisiert hat. Sucht man Entspannung inmitten unberührter Natur, ist man hier genau richtig. Die ganze Region ist kleindörflich geprägt, und große Hauptverkehrsrouten gibt es hier nicht. Dafür findet man herrlich duftende Wälder, rauschende Bäche, endlose Wiesen, Hügel und Berge. Natur lässt sich hier mannigfaltig aktiv erleben, sei es beim Wandern, Radfahren und Mountainbiken, beim Raften, Paragleiten oder Reiten. Zu den Höhepunkten des Campingplatzes zählt der in seiner Mitte gelegene Lagunen-Pool.

Petersdorf 100, A-8842 St. Peter am Kammersberg, Tel. +43 664/168 09 77, www.camping-bellaustria.com, Ende April–Sept.
www.pincamp.de/sm0396

Von Ende Juni bis Anfang September wird ein abwechslungsreiches Animationsprogramm mit Spielen für die kleinen Gäste sowie mit interessanten Ausflügen für alle geboten. Für sommerliche Abkühlung sorgt ein Planschbecken. Auch der rund 1 m tiefe Pool ist durchaus schon junioren-geeignet. Im Kreise der Familie bieten sich zudem Radausflüge in die Umgebung an.

DIE GEGEND ERLEBEN

IN EINER WOCHE CAMPING

Mit über 76 km ist die 1894 eröffnete **Murtalbahn** die zweitlängste Schmalspurbahn Österreichs. Sie verbindet das obersteirische Murtal von Unzmarkt über Murau mit dem salzburgischen Lungau und Mauterndorf. Da man sich der geplanten Stilllegung erfolgreich widersetzen konnte, findet auch heute noch fahrplanmäßiger Personenverkehr mit modernen Dieselloks und Triebwagen bis Tamsweg statt. Viel schöner sind freilich die regelmäßigen Fahrten von Uralt-Dampfloks mit ebenso historischen Waggons. Sie werden während des Sommers an Wochenenden vom Club 760 auf den letzten 11 km bis Mauterndorf vorgenommen. Fahrplandetails sind der Homepage zu entnehmen. Der Club hat dem Teilstück den Namen Taurachbahn gegeben.
Daneben führt auch die Steirische Landesbahn regelmäßig Dampfzugsonderfahrten zwischen Murau und Tamsweg durch. Gefahren wird von Juli bis September, an Dienstagen, Donnerstagen und teilweise auch Sonntagen. Auch hier kommen neben historischen Loks ebenso alte Waggons zum Einsatz, darunter jene, in denen bereits Kaiser Franz Joseph I. zu seinen Jagdausflügen nach Murau anreiste.
Mit der Murtalbahn lässt sich die Region bequem und stressfrei erkunden. Besonders die Dampfzugfahrten sind für Groß und Klein ein Erlebnis.

Dampfzugfahrten: Bahnhofstraße 5, A-8850 Murau, Fahrplan siehe Stlb-Homepage, www.stlb.at, www.taurachbahn.eu

Einst war sie eine dampfbetriebene Zahnradbahn, mit der das am Erzberg gewonnene Erz zu den Hochöfen im steirischen Leoben Donawitz oder ins oberösterreichische Linz befördert wurde. 1988 wurde die Bahnlinie eingestellt. Zwei Jahre später nahm der Verein Erzbergbahn den Betrieb als **Museumsbahn** wieder auf. Wobei die Strecke von Vordernberg Markt über den Präbichl nach Eisenerz mit historischen Schienenbussen befahren wird. Die Strecke führt zunächst nicht nur

Die Steiermark ist ideal für Mountainbiker – wenn nicht gerade eine Kuh den Weg versperrt.

steil bergauf durch eine verträumte und dennoch spektakuläre Berglandschaft. Gleich nach dem Scheitelpunkt am Bahnhof Präbichl geht es durch einen langen Tunnel und anschließend ganz nah an den Erzberg heran. Vorbei geht es in abenteuerlicher Streckenführung an alten Erz-Verladestellen bis runter zum Bahnhof Eisenerz. Eine Fahrt, die nicht nur Eisenbahnfans begeistert. An den Betriebstagen der Bahn ist auch das kleine Museum zur Strecke in Vordernberg Markt geöffnet.
Hauptstraße 140, A-8794 Vordernberg, Ende Juni–Ende Sept. So, www.erzbergbahn.at

Über der selbst ernannten Holzstadt Murau thront auf dem Schlossberg **Schloss Obermurau**. Es geht auf eine Burg aus dem 13. Jahrhundert zurück. Das heutige Schloss wurde im frühen 17. Jahrhundert errichtet, beinhaltet aber noch Reste der alten Anlage, wie den sogenannten Folterkeller. Im Rahmen einer Führung können Teile des Schlosses wie Verlies, Kapelle und Gemäldegalerie besichtigt werden. Etwas unterhalb des Schlosses liegt die gotische Stadtpfarrkirche mit ihrem einzigartigen Glockenturm und prächtigen Fresken. Das alte Stadtzentrum überrascht mit einer Vielzahl an noch gut erhaltenen, liebevoll restaurierten Bürgerhäusern. Besonders hübsche Gebäude sind in der Anna-Neumann-Gasse sowie am Raffalt- oder Schillerplatz zu finden. Häuser mit charakteristischen Holzveranden säumen die wildromantische Murpromenade. Das sehenswerte Handwerksmuseum lässt die Murauer Stadt-, Kultur- und Wirtschaftsgeschichte lebendig werden.
Touristeninfo: Liechtensteinstraße 3–5, A-8850 Murau, www.murau-kreischberg.at
Schloss Obermurau: Schlossberg 1, A-8850 Murau, Juni–Sept. Mi, Fr, www.murau-kreischberg.at/de/ausflugsziele/Schloss-Murau_p1338
Museum: Grazerstraße 19, A-8850 Murau, Mitte Mai–Mitte Okt. Di–Sa, www.murauer-handwerksmuseum.at

BEI EINEM AUSGEDEHNTEN CAMPINGURLAUB

Oberwölz, die kleinste Stadt der Steiermark mit gerade einmal an die 1000 Einwohner, ist zugleich eine der schönsten. Sie ist noch fast vollständig von der mittelalterlichen Stadtmauer mit ihren Wehrtürmen umgeben, und man betritt sie durch die Stadttore.
Eine Stadtführung (auch speziell für Kinder) lohnt sich.
Touristeninfo: Stadt 15, A-8832 Oberwölz, www.oberwoelz.istsuper.com

Die **Ruine Steinschloss** liegt im oberen Murtal bei Neumarkt in der Steiermark. Sie liegt 1180 m hoch und ist somit die höchstgelegene Burgruine in der Steiermark. Sie liegt 450 m über dem Murtal und ist nur zu Fuß erreichbar und öffentlich zugänglich. Von der Ruine hat man einen weiten Blick in das Murtal und auf die umliegenden Dörfer. Ihr Name deutet auf das Edelgeschlecht derer »von Stein« hin, die für den Bau der Anlage verantwortlich zeichneten. Aufgrund ihrer Lage auf dem Kreuzeck sowie ihrer Größe zählt sie zu den eindruckvollsten Wehranlagen Mitteleuropas.
Seit 2000 kümmert sich ein Burgverein um die Bewahrung der Ruine in ihrem jetzigen Zustand und bietet auch Führungen an. Da-

rin erfährt man mehr über die wechselvolle Geschichte von Steinschloss: von seiner Erbauung im 10. oder 11. Jahrhundert bis zur Brandzerstörung im 17. Unterhalb des Burgfelsens befindet sich eine vom Burgverein bewirtschaftete Hütte, in der man sich bei selbst gebackenem Kuchen oder einer zünftigen Brotzeit wunderbar stärken kann.
Adelsberg 27, A-8812 Mariahof, Steinschlosshütte: Mitte Mai–Okt., www.steinschloss.at

Am **Erzberg**, nahe der steirischen Stadt Eisenerz, wird bereits seit dem 11. Jahrhundert Erz abgebaut, was großteils im Tagebau geschieht. Es ist der größte und modernste in ganz Mitteleuropa. Bereits aus der Ferne ist der Erzberg mit seinen 30 je 24 m hohen Abbaustufen eine imposante Erscheinung, auch weil er anders als die Berge ringsum nicht grün, sondern braun erscheint. Seine wahre Größe offenbart sich im Rahmen einer Führung, die für Groß und Klein gleichermaßen ein imposantes Erlebnis ist. Zunächst einmal geht es mit dem Hauly, einem umgebauten Schwerlastkraftwagen mit 55 Tonnen Eigengewicht, 11,5 m Länge und einem Reifendurchmesser von 2,6 m, rauf auf den Berg. Ganz nahe dorthin, wo echte Bergmänner arbeiten. Man kann sogar Zeuge einer Sprengung werden. Danach geht es mit der Grubenbahn rund 1,5 km tief rein in den Stollen des Schaubergwerks. Hier werden im Rahmen eines 800 m langen Rundgangs nicht nur Bergbaugerätschaften gezeigt, sondern auch Wissenswertes zum Bergbau von einst bis heute vermittelt.
Erzberg 1, A-8790 Eisenerz, Ende April–Okt., www.abenteuer-erzberg.at

Malerisch erstreckt sich Murau am Ufer der Mur. Neben Schloss Obermurau lohnt sich eine Besichtigung der Stadtpfarrkirche mit ihrem österreichweit einzigartigen Vierungsturm.

KOMFORTCAMPING BERAU 69

Was für eine wahrlich kaiserliche Region! Der Wolfgangsee ist weltberühmt, genauso wie das Weiße Rössl am Wolfgangsee. Internationale Bekanntheit hat die Region nicht erst seit den Verfilmungen der gleichnamigen Operette von Ralf Benatzky erlangt. In unmittelbarer Nachbarschaft liegt der Kurort Bad Ischl. Hier hatte Kaiser Franz Joseph I. seine Sommerresidenz, und auch Kaiserin Sisi weilte hier. Abgesehen davon ist es hier einfach nur unbeschreiblich schön. Ein Postkartenmotiv erster Klasse.

Am Westufer, inmitten einer wunderschönen Naturlandschaft mit Wiesen und Schatten spendenden Bäumen, liegt der Komfortcampingplatz. Auch auf der Liegewiese am See sorgen Bäume für schattige Plätzchen. Will man den eher seichten Uferbereich überwinden, gelangt man über den 50 m langen Steg auch unmittelbar zum tiefen Wasser.

Für Kinder steht ein großer Erlebnisspielplatz bereit. Außerdem sorgt während der Sommerferien ein Animationsprogramm für Kurzweile. Auch Ponyreiten wird geboten.

Schwarzenbach 16, A-5360 St. Wolfgang,
Tel. +43 43 61/38 25 43, www.berau.at/camping-wolfgangsee, ganzjährig
www.pincamp.de/oö0550

Fläche	2,5 ha
Standplätze Touristen	140
Dauercamper	45
Mietunterkünfte	31
Hunde	erlaubt
WLAN	ja

Für einen Ausflug ins nicht einmal vier Kilometer entfernte St. Wolfgang empfiehlt sich, eines der Leihräder zu nehmen. Die Fahrt auf dem Radweg entlang des Ufers ist entspannt und gibt schöne Ausblicke auf See und Berge frei. Außerdem spart man sich so die nervige Parkplatzsuche im Touristenmagneten. Alternativ kann man auch das von Strobl abfahrende Schiff nach St. Wolfgang nehmen.

Fläche	3 ha
Standplätze Touristen	147
Dauercamper	58
Mietunterkünfte	0
Hunde	erlaubt
WLAN	ja

ROMANTIK-CAMPING WOLFGANGSEE LINDENSTRAND 70

Vom Südufer des Wolfgangsees genießt man einen tollen Ausblick auf St. Wolfgang mit seinem markant weißen Kirchturm und auf den Schafberg. Besonders vom Uferbereich von Reith ist dieser Anblick einmalig. Hier ist der See auch am schmalsten. Der 140 m lange Strand des Campingplatzes bildet eine kleine Bucht. Der seichte Uferbereich ist ideal für Familien mit Kindern. Zwei Liegeflächen mit weichem Gras laden zum Entspannen ein. Klettern, Rutschen, Schaukeln und mehr können die Kinder auf den beiden Spielplätzen. Einer ist speziell auf die Bedürfnisse von Kleinkindern ausgelegt. Für die größeren gibt es einen Platz zum Fuß- oder Volleyballspielen.

Schwand 19, A-5342 St. Gilgen OT Abersee,
Tel. +43 62 27/32 05, www.lindenstrand.at,
April–Mitte Okt.
www.pincamp.de/sa4250

Am Platz können Stand-Up Paddle-Boards, Einer- und Doppelkajaks, Fahrräder und Kindersitze ausgeborgt werden. Damit lässt sich einerseits der See von seiner Wasserseite aus gut erkunden. Im Kreise der Familie bietet sich auch ein Radausflug an. Wie wäre es rund um den Wolfgangsee? Der Radweg ist 24 km lang und so auch für Jugendliche leicht zu bewältigen.

DIE GEGEND ERLEBEN

AN EINEM LANGEN WOCHENENDE

Der 1782 m hohe **Schafberg** ist der Hausberg von St. Wolfgang. Er ist seit 1893 mit einer Zahnradbahn erschlossen, die ihren Ausgangspunkt mitten in St. Wolfgang, direkt hinter der Schiffsanlegestelle, nimmt. Damit ist der Bahnhof bequem über die Uferpromenade, etwa vom Weißen Rössl, zu erreichen. Die Schafbergbahn ist die steilste Zahnradbahn Österreichs. Ihre Steigung beträgt bis zu 26 Prozent. Für die 5,85 km lange Strecke benötigt der Zug rund 35 Minuten. Zunächst geht es relativ sanft ansteigend durch das Siedlungsgebiet. Sobald dieses verlassen wird, steigt die Bahn mit ziemlich konstanten 25 Prozent an. Je mehr Höhe man gewinnt, umso imposanter wird der Ausblick auf den Wolfgangsee, die Salzburger Voralpen und das Tennengebirge. Dabei geht es durch Wälder, bis die Waldgrenze nahe der Station Schafbergalpe in 1363 m Höhe erreicht ist. Weiter geht es nun durch eine Felsschneise und auf der in die Steilwand geschlagenen Strecke mit teils furchterregenden Aussichten. Von der Bergstation auf 1732 m ist es nur noch ein kurzes Stück zum Gipfel. Nahe diesem befindet sich auch das älteste Berghotel Österreichs. Von ihm genießt man ein fantastisches Panorama auf den Wolfgangsee und weit hinein in die hohe Gipfelwelt der Alpen. In Richtung Norden breiten sich der Wolfgang- und Attersee aus sowie das oberösterreichische Hügel- und Flachland. Eine Fahrt auf den Schafberg ist aber auch deshalb ein Erlebnis, weil großteils Dampfloks eingesetzt werden. Davon gibt es fünf Stück von 1893 und 1894 sowie vier neue, die 1992 und 1995 gebaut wurden. In St. Wolfgang lohnt unter anderem ein Besuch der Pfarr- und Wallfahrtskirche mit ihrem geschnitzten Flügelaltar aus der Spätgotik.
Talstation: Markt 35, A-5360 St. Wolfgang, Ende April–Anf. Nov., Details siehe Homepage, www.schafbergbahn.at

Bereits seit Kaisers Zeiten verkehren Linienschiffe auf dem **Wolfgangsee**. Den Anfang machte 1873 der **Schaufelraddampfer** »RMS

Mit der Katrin Seilbahn fährt man entspannt in 15 Minuten von Bad Ischl ins Naturschutzgebiet.

Kaiser Franz Josef I.« Selbst heute noch pendelt das 33 m lange Nostalgieschiff zwischen den Orten St. Wolfgang und St. Gilgen. Es gilt als Attraktion der Flotte. Diese besteht aus sechs Schiffen, von denen die »MS Kaiserin Elisabeth« ebenfalls von 1873 stammt. Die weiteren Schiffe sind neueren Datums. Mit ihnen lässt sich der Wolfgangsee ganz unmittelbar erleben. Zudem erlaubt eine Schifffahrt viele schöne Aussichten, die man so von Land nicht erleben würde.
Während der Hauptsaison wird im Wesentlichen zwischen 9 und 18 Uhr im Stundentakt gefahren. Details sind dem Fahrplan auf der Homepage zu entnehmen. Zwischen Strobl und St. Gilgen ist das Schiff rund 75 Minuten unterwegs. Für eine Rundfahrt sind etwa drei Stunden einzuplanen.
Zentrale Hauptanlegestelle unmittelbar davor an der Robert-Stolz-Straße: Markt 35, A-5360 St. Wolfgang, Ende April–Anf. Nov., Details siehe Homepage, www.schafbergbahn.at

IN EINER WOCHE CAMPING

Seit etwa 200 Jahren ist **Bad Ischl**, das auch als Tor ins Salzkammergut gilt, ein beliebtes Ziel für Kuraufenthalte und für die Sommerfrische. Die Stadt ist zudem geschichtsträchtiger romantischer Boden. Hier hatte der österreichische Kaiser Franz Joseph I. nicht nur seine Sommerresidenz, hier verliebte er sich 1853 auch in Sisi. Viele königliche Besucher hat die Stadt gesehen, so etwa den deutschen Kaiser Wilhelm I., Bismarck, König Eduard VII. von England, König Georg von Griechenland und viele weitere. Mit ihnen kam auch der Hoch- und Geldadel sowie Künstler aller Art, wie etwa Anton Bruckner, Johannes Brahms, Karl Kraus, Stefan Zweig und viele andere. Sie haben der Stadt bis heute ihren Stempel aufgedrückt. Sehenswürdigkeit Nummer 1 ist die Kaiservilla. In ihr wurde nicht nur europäische Geschichte geschrieben. In ihr sind auch original bewahrte Gemächer von Sisi und Joseph erhalten geblieben. Sehenswert ist auch der Kaiserpark. Weitere Highlights sind die Lehár-Villa und die unzähligen Bauten und Denkmäler, die noch an die Kaiserzeit erinnern.
Bei einem Bummel durch Bad Ischl muss man auch beim »Zauner« vorbeischauen, der Konditorei, die einst k. u. k. Hoflieferant war. Kaiserin Sisi ging hier ihrer Leidenschaft für Süßes nach. Der Kaiser selbst liebte zur Nachspeise das Zaunerkipferl.
Touristeninfo: Auböckplatz 5, A-4820 Bad Ischl, badischl.salzkammergut.at
Kaiservilla: Jainzen 38, A-4820 Bad Ischl, April–Okt. tgl., Jan.–März Mi, Dez. Adventwochenenden, www.kaiservilla.at
Konditorei Zauner: Pfarrgasse 7, A-4820 Bad Ischl, www.zauner.at

BEI EINEM AUSGEDEHNTEN CAMPINGURLAUB

Die **Katrin** ist der Hausberg von Bad Ischl. Sie ist 1.542 m hoch und bis 1.400 m mit einer Seilbahn erschlossen. Von der Bergstation führen mehrere Wanderwege entlang des Bergmassivs und auf den Gipfel. Von ihm genießt man eine Rundumsicht bis weit in die Alpen, den Alpenhauptkamm und ins Flachland.

Kaltenbachstraße 62, A-4820 Bad Ischl, Tel. +43 61 32/23 788, Mitte April–Mitte Nov., www.katrinseilbahn.com

Hallstatt am Hallstätter See gehört zu den schönsten Landschaften, die man sich nur vorstellen kann. Alpenatmosphäre wie aus dem schönsten Bilderbuch. Es ist UNESCO-Weltkultur- und -Weltnaturerbe, und damit eine von nur 20 Stätten weltweit, die diesen Doppeltitel überhaupt tragen dürfen.
Der traumhaft gelegene Ort ist auf engstem Raum zusammengepfercht, deshalb gibt es hier auch keinen Friedhof. Stattdessen werden die kunstvoll bemalten Schädel der Verstorbenen im Karner, einer als Gebeinhaus genutzten Kapelle, untergebracht.
Zu den kulturellen Highlights gehört die etwas höher gelegene spätgotische Pfarrkirche von 1505. Als kunsthistorisch bedeutendste Sehenswürdigkeit gibt es hier den Hallstätter Marienaltar, der wohl um 1510 entstanden ist. Hallstatt ist ein geschichtsträchtiger Ort, und zwar so sehr, dass nach der Stadt sogar eine prähistorische Epoche, die Hallstattzeit (800 bis 400 v. Chr.), benannt wurde.
Schon vor 7000 Jahren wurde hier Bergbau betrieben. Schon damals wurde in bis zu 200 m Tiefe Salz abgebaut. Im Salzbergwerk Hallstatt wurde auch der »Mann im Salz«, ein gut erhaltener Körper eines prähistorischen Bergarbeiters, gefunden. Das Bergwerk Salzwelt Hallstatt ist jedenfalls einen Besuch wert.
Touristeninfo: Seestraße 99, A-4830 Hallstatt, www.hallstatt.net
Salzwelten: Salzbergstraße 21, A-4830 Hallstatt, Feb.–Dez., www.salzwelten.at/de/hallstatt

Seit fast 150 Jahren verbindet der Schaufelraddampfer »RMS Kaiser Franz Josef I.« die Orte St. Wolfgang und St. Gilgen. Auf ihm kann man den Wolfgangsee noch heute so erleben wie einst Kaiserin Sisi.

REGISTER

BILDNACHWEIS

Cover Getty Images: Cultura RF/Juice Images; 4/5 Shutterstock.com: MNStudio; 6/7 seasons.agency: Gregor Lengler; 8/9 laif: Bernhard Huber; 10/11 Look: Roetting+Pollex; 12/13 Shutterstock.com: moreimages; 14/15 Euro-Camp Wilder Kaiser: Clemens Pürstinger; 16/17 Eifel-Camp Freilinger See; 18 Prümtal-Camping Oberweis: Michael Berg; 21 imago: Marc Schüler; 22 Shutterstock.com: CroMary; 24/25 Camping Harfenmühle; 26 Landal Sonnenberg; 27 Getty Images: Thomas Winz; 29 Shutterstock.com: Peer Marlow; 30/31 Camping Donnersberg; 32 Shutterstock.com: victoriyasmail; 33 dpa Picture-Alliance: Holger Hollemann; 34 Stiftung Rheinland-Pfälzisches Freilichtmuseum; 37 dpa Picture-Alliance: Mountainbikepark Pfälzerwald; 38 Fortuna Camping am Neckar; 41 Erlebnispark Tripsdrill; 43 Technik Museum Sinsheim; 44 Campingpark Breitenauer See; 45 Shutterstock.com: Denis Moskvinov; 47 HUBER IMAGES: Reinhard Schmid; 49 Shutterstock.com: Slatan; 51 Shutterstock.com: Sina Ettmer Photography; 53 dpa Picture-Alliance: Benjamin Beytekin; 55 Camping Weichselbrunn; 57 dpa picture alliance: Armin Weigel; 58 laif: Quirin Leppert; 59 Knaus Campingpark Lackenhäuser; 60/61 Shutterstock.com: Halfpoint; 62, 64 Shutterstock.com: FamVeld; 63 Look: age fotostock; 67 mauritius images: Westend61 / Lisa und Wilfried Bahnmüller; 69 Strandcamping Waging: Richard Scheuerecker; 71 stock.adobe.com: mw-luftbild.de; 73 imago: Action Pictures; 74 Via Claudia Camping: Dominik Haf; 75 Insel-Camping am See; 76 Shutterstock.com: jooh; 77 stock.adobe.com: JFL Photography; 79 imago: imagebroker; 80 HUBER IMAGES: Hans-Peter Merten; 82/83 Shutterstock.com: Yakobchuk Viacheslav; 85 Shutterstock.com: Andreas Gerhardinger; 87 laif: Samuel Zuder; 89 Höhencamping Königskanzel; 91 Ulrike Klumpp; 93 dpa Picture-Alliance: Christoph Schmidt; 94 plainpicture: Frank Krems; 95 laif: Gerald Haenel; 97 Europa-Park; 99 Shutterstock.com: MNStudio; 101 HUBER IMAGES: Reinhard Schmid; 102 Hegi Familien-Camping; 103 Shutterstock.com: kikovic; 105 Shutterstock.com: maloff; 106 mauritius images: Alexander Schnurer/imageBROKER; 108/109 Campingpark Gitzenweiler Hof GmbH; 110 Campingplatz Horn; 113 Shutterstock.com: Olgysha; 114/115 Camping Manor Farm; 116 Camping Aaregg; 119 HUBER IMAGES: Christof Sonderegger; 120/121 Camping Tamaro: Giovanni Casari; 122 Camping Campofelice; 125 Shutterstock.com: Mor65_Mauro Piccardi; 127 HUBER IMAGES: Monica Goslin; 128/129 Camping Vitznau; 130 Camping Eienwäldli; 131 Shutterstock.com: canadastock; 133 mauritius images: Udo Bernhart; 135 Shutterstock.com: Alexander Rochau; 137 dpa Picture-Alliance: Dietmar Stiplovsek; 139 HUBER IMAGES: Udo Bernhart; 141 Zugspitze Resort; 143 Shutterstock.com: Arthur Palmer; 144 Shutterstock.com: Cassiohabib; 145 Ferienparadies Natterer See: Joe Woergoetter; 147 Shutterstock.com: Sun_Shine; 149 laif: ProCip/robertharding; 150/151 Shutterstock.com: marako85; 152 Shutterstock.com: Africa Studio; 153 Shutterstock.com: Anna Jedynak; 155 imago stock; 156/157 Getty Images: Photographer's Choice/Mike Timo; 159 AWL Images Ltd: Katja Kreder; 160/161 Euro-Camp Wilder Kaiser: Clemens Pürstinger; 162 Camping Schwarzsee; 165 stock.adobe.com: elephotos; 166/167 Seecamp Zell am See: Nikolaus Faistauer; 168 Sportcamp Woferlgut; 169 Shutterstock.com: Natalia Golubnycha; 171 dpa Picture-Alliance: JFK; 173 Terrassencamping Maltatal; 175 mauritius images: volkerpreusser/Alamy; 177 Shutterstock.com: Independence_Project; 178/179 Seecamping Berghof; 181 Shutterstock.com: Martin Dworschak; 183 Shutterstock.com: davemhuntphotography; 184/185 Camping Breznik Turnersee; 187 Petzencamping Pirkdorfersee; 189 stock.adobe.com: askolds; 191 stock.adobe.com: askolds; 192/193 Camping Olachgut: Tom Lamm; 194 Shutterstock.com: Lukasz Szwaj; 195 Shutterstock.com: Przemek Iciak; 197 mauritius images: volkerpreusser/Alamy; 198/199 Shutterstock.com: Pawel Kazmierczak; 200 Romantik-Camping Wolfgangsee Lindenstrand; 201 Schutterstock.com: BBA Photography, 203 Shutterstock.com: Mikalai Nick Zastsenski; U3: Shutterstock.com: FamVeld; U4: Shutterstock.com: canadastock

IMPRESSUM

Herausgeber: GRÄFE UND UNZER VERLAG GmbH, Postfach 86 03 66, 81630 München
Leitender Redakteur: Benjamin Happel
Autoren: Thomas Riegler, Simon P. Hecht
Verlagsredaktion: Melanie Loser (verantw.), Wilhelm Klemm
Lektorat: Edgar Endl, bookwise München
Satz: Rüdiger Wagner, BUCHFLINK
Bildredaktion: Dr. Nafsika Mylona
Schlusskorrektur: Ulla Thomsen
Layout: Independent Medien Design, Horst Moser, München
Cover: Patrick Tümmers, Tümmersdesign
Umschlag und Karte: Patrick Tümmers, Tümmersdesign
Herstellung: Mendy Willerich
Repro: LUDWIG:media gmbh
Druck und Bindung: Drukarnia Dimograf Sp z o.o.

Ansprechpartner für den Anzeigenverkauf:
KV Kommunalverlag GmbH & Co. KG,
MediaCenter München,
Tel. 089/928 09 60

Bei Interesse an maßgeschneiderten B2B-Produkten:
Roswitha.Riedel@graefe-und-unzer.de

GRÄFE UND UNZER

Ein Unternehmen der
GANSKE VERLAGSGRUPPE

ISBN 978-3-95689-854-9
2. Auflage 2020

Leserservice
adac@graefe-und-unzer.de
Tel. 00800/72 37 33 33 (gebührenfrei in D, A, CH)
Mo–Do 9–17 Uhr, Fr 9–16 Uhr